2021年度河南省高等教育教学改革与实践项目"历史学专业师范生课程思政实践技能提升路径与方法研究"（2021SJGLX489）

中学历史教学中课程思政路径研究
——以初中历史教学为例

◎ 李彦雄　著

中国华侨出版社

·北京·

图书在版编目（CIP）数据

中学历史教学中课程思政路径研究：以初中历史教学为例 / 李彦雄著. -- 北京：中国华侨出版社，2024.12. -- ISBN 978-7-5113-9395-1

Ⅰ.G633.512

中国国家版本馆CIP数据核字第2024J4V095号

中学历史教学中课程思政路径研究——以初中历史教学为例

著　　者：	李彦雄
责任编辑：	肖贵平
封面设计：	寒　露
经　　销：	新华书店
开　　本：	710毫米×1000毫米　1/16开　印张：10.25　字数：170千字
印　　刷：	定州启航印刷有限公司
版　　次：	2024年12月第1版
印　　次：	2024年12月第1次印刷
书　　号：	ISBN 978-7-5113-9395-1
定　　价：	78.00元

中国华侨出版社　北京市朝阳区西坝河东里77号楼底商5号　邮编：100028
发行部：（010）64443051　　传　真：（010）64439708

如发现印装质量问题，影响阅读，请与印刷厂联系调换。

目 录

绪 论 ··· 001

第一章 历史教学与"理论自信" ··· 009

第二章 历史教学与"制度自信" ··· 021

第三章 历史教学与"道路自信" ··· 035

第四章 历史教学与"文化自信" ··· 047

第五章 历史教学与世界观培养 ·· 057

第六章 历史教学与价值观培养 ·· 071

第七章 历史教学与人生观培养 ·· 081

第八章 历史教学与历史观培养 ·· 093

第九章 历史教学与时空观培养 ·· 111

第十章 历史教学与史料实证素养的培养 ································ 123

第十一章 历史教学与历史解释素养的培养 ····························· 139

第十二章 历史教学与家国情怀的培养 ···································· 149

绪 论

绪 论

一、研究意义

习近平总书记指出，"历史是最好的教科书，也是最好的清醒剂"；"古今中外，每个国家都是按照自己的政治要求来培养人的，世界一流大学都是在服务自己国家发展中成长起来的。我国社会主义教育就是要培养社会主义建设者和接班人"。就历史学专业师范生培养工作而言，能够充分合理地运用好历史学蕴含的丰富的思政元素和资源，并使之与中学历史教学技能融为一体，于"无思政处见思政"，达到润物无声的效果，其意义是不言而喻的。

（一）本项目实施是落实高校立德树人根本任务的重要举措

《高等学校课程思政建设指导纲要》强调："培养什么人、怎样培养人、为谁培养人是教育的根本问题，立德树人成效是检验高校一切工作的根本标准。"立德树人是一项系统性工程，需要紧紧抓住教师队伍"主力军"、课程建设"主战场"、课堂教学"主渠道"。历史学师范专业学生为未来的"主力军"，针对其课程思政实践技能提升情况所进行研究与培养活动，既可检验师范院校立德树人的效果，又可为未来中学历史教学完成立德树人根本任务奠定坚实的基础。

（二）本项目实施是顺应培养高质量中学历史师资潮流的迫切需求

高等教育以提高人才培养质量为己任，以办好人民满意的教育为最终目的和归宿。历史学专业师范生培养，不仅要注重历史学专业教育，还要注重教师教育理论和技能培养；不仅要培养学生的专业精神和人文精神，还要培养学生的中国灵魂和世界眼光。作为历史专业的师范生，其课堂教学能力的实质是价值塑造、能力培养和知识传授相融合的能力，也唯有具备此能力，他们才能真正成为担当民族复兴时代大任的社会主义建设者和接班人。但在安阳师范学院承担的2020年国培计划中，来自全省50名中学历史教师，真正历史专业毕业的不足10人，其他学员课程思政素养和能力也令人堪忧。历史专业课是历史课程思政建设的基础和支撑，而推进师范生课程思政实践技能培养和提升项目，无疑是在为提高课堂教学质量提供一个重要突破口，课堂教学质量提高了，历史专业师范生人才培养质量自然也就提升了，未来中学历史师资质量的提升就会水到渠成。

（三）本项目的实施能够充分体现"课程思政"视角下历史教学的价值所在

历史课程蕴含丰富的思政资源，历史专业师范生教育需要以"立德树人"为宗旨，在"三位一体"思政课程体系指导下，充分落实"三全育人"要求。历史教学应该在全面而完整的历史框架下，为学生陈述历史事实、厘清历史脉络、呈现历史规律，在潜移默化中为学生厚植爱国主义情怀，帮助学生坚定"四个自信"，树立理想信念，培养正确的世界观、人生观、价值观和历史观，使其在科学思维认知导向下掌握认识世界、改造世界的能力，从而为建设中国特色社会主义贡献力量。

二、现状分析

（一）研究现状

党的十八大以来，中国特色社会主义进入新时代。2018年6月，新时代全国高等学校本科教育工作会议在成都召开。2020年5月28日，《教育部关于印发〈高等学校课程思政建设指导纲要〉的通知》发布，标志着新时代思政课程与课程思政研究在全国高校启动。目前，课程思政研究刚刚起步，成果较少，特别是高水平成果不多。就历史学科课程思政研究而言，截至2021年12月5日，中国知网关于历史学科课程思政的研究成果总计20余篇论文，其中主要是高校历史课程思政和中学历史课程思政研究成果，缺乏对历史专业师范教育课程思政实践技能提升的专门研究成果。现有研究成果主要反映了目前阶段学者对历史课程思政的积极探索和有益尝试。高校历史课程思政研究代表性成果主要有：孟旭琼、汤志华的《改革开放以来课程思政教育理念的历史演进》（《河南师范大学学报（哲学社会科学版）》2021年第3期），王增芬的《唯物史观视域下推动课程思政协同育人的四重维度》（《职业技术教育》2021年第16期），王静的《"课程思政"视角下高校历史教学的思考与探索》（《北京城市学院学报》2021年第2期），郝慧芬的《论高校历史学专业融入课程思政的路径》（《吕梁学院学报》2021年第3期），等等。中学历史课程思政研究成果相对较多，但整体研究理论水平不高，主要反映了中学历史教师对课程思政的一些有益尝试和探索，代表性成果有广西民族大学朱江龙硕士学位论文《高中课程思政研究——以〈高中历史（必修三）〉的人生观教育为视角》（2018年5月），郑州大学付蓉青青的硕士学位论文《课程思政在高中历史教学中的探索与实践》（2020年），等等。

（二）中学历史课程思政教学现状

本项目负责人曾多次参与安阳市中学历史优质课大赛评审工作，对中学历史课程思政教学现状多有了解。总体来说，中学教师历史课程思政意识较强，普遍注重历史课程的德育功能，其中不乏课程思政的优质课程。但整体而言，仍存在两方面的问题。

一是历史课程与课程思政"两张皮"现象普遍存在。由于教师自身学术和理论修养的不足，存在为思政而思政的现象，不能把历史教学与思政教育自然融合在一起，给人"生拉硬拽"的感觉，显得极不自然。

二是把历史课上成了思政课。历史课失去了专业特色，缺乏史学教育的灵魂，抹杀了历史课与思政课的差别，这种现象在中国近现代史教学中尤为明显。

当然，中学历史课堂教学呈现这种现状的原因值得深思。这是否也恰恰反映了中学历史教师的现状？反向追思，这是否为高校历史学师范生思政实践技能培养缺失所致？

基于上述原因，本课题研究迫在眉睫。

三、改革内容

本课题将围绕"四个自信""四观"和"五大核心素养"，聚焦于历史学专业师范生人才培养重点，即课程思政实践能力，探索历史学师范人才的培养与课程改革。相关改革内容主要体现在以下几个方面。

（一）确立正确的思政导向，打造"4—4—5"思政体系，树立学生课程思政意识

为深化课程思政教育，本课题将充分结合"四个自信"，积极探索世界观、人生观、价值观（特别是社会主义核心价值观）、历史观"四观教育"，深入

理解实践唯物史观、时空观念、史料实证、历史解释和家国情怀"五大核心素养",在此基础上探索并构建历史学师范生课程思政体系及适度的思维意识,将思政教育植根于历史学师范生的思想深处。

(二)重视历史学课程思政元素挖掘与教学技能相融合的理论与实践探索

传统师范生教学能力培养,集中于专业学科知识的讲授。本项目将在上述导向下,在历史专业教学技能培训过程中,探索引导学生掌握挖掘、筛选、利用思政元素并将其与历史教学充分融合的理论与方法。

(三)强化课程思政案例讲解与学习

为提升学生课程思政实践技能,本课题将在理论与方法教学的基础上,进一步强化优秀课程思政案例的深度融入,探索以学生为主体的案例剖析与自主探究路径与方法。

(四)促进理论教学与实践教学的充分融合

在理论学习的基础上,本课题还将积极探讨实践教学与理论教学深入融合的路径与方法,充分利用课程实践、实践教学基地等培养学生将思政元素与历史学科教学深度融合的能力,从而更好地实现"无思政处见思政"的目标。

(五)在人才培养全过程融入课程思政评价元素

本课题将面向卓越中学历史教师培养目标,探索校内课程、校外实践、就业单位、个人职业发展等相关环节的课程思政能力与发展评价体系,以更好地指导课程思政实践能力培养,完善思政能力提升路径与方法。

四、改革目标

落实"立德树人"的根本任务,探索并打造"4—4—5"历史学专业师范生课程思政理论与实践技能培养路径与方法,为中学输送优秀历史教师。具体包括以下三个方面。

（一）使师范生了解课程思政元素的发掘路径，可以独立发掘思政元素

通过项目实施，学生要能够掌握历史课程思政资源的发掘路径，并有效运用于中学历史教学设计。具体而言，"四个自信"需要从两个维度出发进行挖掘：一是需要从世界历史的维度和视角横向比较，来增强自信；二是从中国史的维度和视角，通过纵向比较，增强自信。对于道路自信、理论自信、制度自信、文化自信培养方面，中国和世界近现代史、中华人民共和国国史等课程有着天然优势。世界观、人生观、价值观、历史观"四观"中，除历史观可以由史学概论课程及其他专业课程提供支撑外，其余"三观"教育培养主要通过杰出历史人物教学来实现。历史学专业"五大核心素养"的培养贯穿于各门史学专业课程始终。

（二）使师范生能够初步完成完整的中学历史课程思政设计与教学案例，提升历史学专业师范生教学素养

这一目标主要通过中学历史教学课程实现。在校内校外双导师共同指导下完成，师范生撰写完成课程思政教学案例，双导师进行点评，不断修改完善，从而提升师范生教学素养，使其牢记既要"教书"也要"育人"。

（三）完善历史学师范生人才培养路径，不断提高单位人才培养质量，为社会主义教育事业培养高素质历史学教育人才

本项目实施以课程思政能力提升路径和方法为研究对象和突破口，旨在完善与优化历史学专业师范生人才培养路径，不断提高人才培养质量，为国家和社会培养高质量中学历史师资队伍。

五、特色与创新

（一）特色

（1）强调课程思政相关教育教学能力与历史学师范人才培养的深度结合。

（2）注重国家发展、人才需求与党中央政策导向在历史学师范生培养过程中的深度融合。

（3）强化实践教学在历史学人才培养过程中的作用，丰富实践内容与形式、提升实践活动层次，实现实践教育与课堂教学的有机结合。

（二）创新

（1）提出"4—4—5"历史学师范生课程思政内涵，将道路自信、理论自信、制度自信、文化自信"四个自信"，世界观、人生观、价值观、历史观"四观"，唯物史观、时空观念、史料实证、历史解释和家国情怀"五大核心素养"，融入中学历史教学。

（2）在"4—4—5"课程思政内涵基础上，努力做到高校历史学专业教师教育理论与优秀中学一线教师实践经验相结合，协同育人，以学生为中心，提出切实可行的课程思政实践技能提升与融合路径和方法，切实提高人才培养质量。

六、拟解决的关键问题

历史是一面镜子，鉴古见今，学史明智。中学历史对于学生世界观、人生观、价值观、历史观的养成有着重要的作用，教师则是学生精神的塑造者和训练者，课程思政理念可以更好地发挥历史教学的育人功能。历史学专业师范生课程思政理论与实践技能的培养，拟解决两个方面的问题：一是提升师范专业学生历史课程思政元素的挖掘能力；二是提升师范生在历史教学过程中有效运用历史思政元素进行课程思政的能力，从而避免历史教学中专业教育与思政教育"两张皮"的问题，实现专业教育与思政教育有机结合，融为一体，既要达到思想政治教育的目的，又要充分体现历史课程的专业性，切实提高历史学专业师范生课程思政教育教学技能。

第一章　历史教学与"理论自信"

本章主题：凝练教学主题，坚定"理论自信"——以"为实现中国梦而努力奋斗"教学为例。

学史增信，增什么信？习近平总书记2021年4月25日至27日在广西考察时强调："学史增信，就是要增强信仰、信念、信心，这是我们战胜一切强敌、克服一切困难、夺取一切胜利的强大精神力量。"学史增信，要增强对马克思主义、共产主义的信仰；学史增信，要增强对中国特色社会主义的信念；学史增信，要增强对实现中华民族伟大复兴的信心。理论自信首要的是对马克思主义基本原理的自信，是对毛泽东思想的自信。

理论自信更是对中国特色社会主义理论体系的自信。习近平新时代中国特色社会主义思想是马克思主义中国化的最新成果，是当代中国的马克思主义，是21世纪的马克思主义，是中国特色社会主义理论体系的重要组成部分。在中国特色社会主义理论体系的指导下，我们取得了改革开放的伟大成就，中国的面貌、中华民族的面貌、中国人民的面貌、中国共产党的面貌发生了巨大改变。我们即将迎来中华民族伟大复兴的光明前景，即将实现从富起来到强起来的伟大飞跃。

只要全党全国人民坚定理论自信，坚定"四个自信"，增强信仰、信念、信心，我们的第二个百年奋斗目标一定会实现，人民过上美好生活的目标、全体人民共同富裕的目标一定会实现。

"为实现中国梦而努力奋斗"教学设计

一、课题及教学内容分析

本课介绍了马克思主义与当代中国实际相结合的最新理论成果。"四个全面"战略布局是一个完整的理论体系，每一个"全面"都是一整套结合实际、继往开来、勇于创新、独具特色的思想系统。全面建成小康社会是中国特色社会主义的根本指向；全面深化改革是决定当代中国命运的"关键一招"，为全面建成小康社会注入强大动力；全面依法治国是可靠保障，为全面建成小康社会保驾护航；全面从严治党是全面建成小康社会的根本支撑，确保党始终成为中国特色社会主义事业的坚强领导核心。总的来看，全面建成小康社会是处于统领地位的战略目标，全面深化改革、全面依法治国、全面从严治党为实现战略目标提供强大动力、可靠保障和根本支撑。

二、学情分析

通过之前的学习，学生对中国共产党领导中国人民取得新民主主义革命胜利，并进行社会主义建设等内容有了一定的了解和认识，并认识到只有中国共产党才能领导中国走向繁荣富强。

通过报刊、《新闻联播》等传媒信息对中国梦内容有了一定的了解。

掌握一定材料分析方法，并初步学会了提炼、分析、总结数据信息的方法。

由于本课的政治理论性较强，学生对战略布局、新发展理念不理解。

个别学生概括梳理能力不强，对于本节课线索梳理较为困难。

三、教学目标

知识与能力：了解中国梦的基本内涵；了解"两个一百年"奋斗目标、"四个全面"战略布局、新发展理念；了解中共十八大以来中国经济建设取得的重大成就。

过程与方法：联系中国近代史，理解实现中华民族伟大复兴是中华民族近代以来最伟大的梦想；研读材料，了解中国梦的基本内涵；分析改革开放以来国内生产总值增长表，初步学会提炼、分析、总结数据信息的方法。

情感态度与价值观：认识中国梦是每个人的梦，把个人梦想与祖国梦想相联系，树立为实现中国梦而努力奋斗的意识；认识到个人发展与祖国命运息息相关，以"我是中国人"为荣。

四、重点、难点

教学重点：中国梦；新发展理念；经济建设重大成就。

教学难点："四个全面"战略布局；经济建设重大成就。

五、教学准备

多媒体、教学PPT。

六、教学过程

（一）环节一：创设情境，激趣导入

以"双奥之城——北京"导入新课。

2022年冬奥会的召开完成了中国人的奥运梦想，而每一个领域梦想最终汇聚成一个大的梦想——中国梦。

什么是中国梦？如何实现中国梦？在革命年代，中国梦就是独立自主，中国共产党领导人民经过艰苦奋斗取得了新民主主义革命的胜利，建立了中华人民共和国，实现了中国梦。现在，在改革开放的新时期，中国梦就是实现中华民族伟大复兴。在新的历史时期，在以习近平同志为核心的党中央坚强领导下，我们正向实现中华民族伟大复兴迈着坚实而有力的步伐。今天我们就来学习第11课：为实现中国梦而努力奋斗。

设计意图：既激发学生学习的兴趣，又过渡到新课的学习。

（二）环节二：互动教学，新知探究

1. 第一篇章：绘梦——中国梦的宏伟蓝图

（1）图片展示。先将图1-1展示给学生。

图1-1　中国梦宣传画

（2）学生阅读课文第一段，然后教师根据实际情况提出几个预设的问题并升华，激发学生感受我们的时代特征和为祖国建设而努力学习的情感，使学生加深理解有关中国梦提出的背景、基本内涵和奋斗目标。

多媒体展示设问：①什么是中国梦？②它是怎样提出的？③中国梦的基本内涵是什么？

（3）学生预习课文，思考并回答问题。教师归纳并用多媒体展示答案：①实现中华民族伟大复兴，是中华民族近代以来最伟大的梦想，我们称之为中国梦。②2013年，习近平在十二届全国人大一次会议上深刻阐述了中国梦的宏伟蓝图。③基本内涵：国家富强、民族振兴、人民幸福。

（4）史料展示：中华民族具有5000多年连绵不断的文明历史，创造了博大精深的中华文化，为人类文明进步作出了不可磨灭的贡献。经过几千年的沧桑岁月，把我国56个民族、14亿多人紧紧凝聚在一起的，是我们共同经历的非凡奋斗，是我们共同创造的美好家园，是我们共同培育的民族精神，而贯穿其中的、更重要的是我们共同坚守的理想信念。

（5）教师提问：材料中的"理想信念"指的是什么？中国共产党为实现这个"理想信念"确立了怎样的奋斗目标？

提示：实现中国梦。确立了"两个一百年"奋斗目标。

（6）学生自主学习：阅读教材，概括"两个一百年"的内容。

提示："中国梦"的核心目标也可以概括为"两个一百年"奋斗目标。

"两个一百年"奋斗目标：到2020年实现国内生产总值和城乡居民人均收入比2010年翻一番，全面建成小康社会；到本世纪中叶建成富强民主文明和谐的社会主义现代化国家，实现中华民族伟大复兴的中国梦。

（7）自主探究：2012年，习近平在参观《复兴之路》展览时说："实现中华民族伟大复兴，就是中华民族近代以来最伟大的梦想。"老师在这里有个疑问，"复兴"这个词的含义是什么？既然要复兴，说明之前怎么样，之后又怎么样？为什么习近平说"实现中华民族伟大复兴，就是中华民族近代以来最伟大的梦想"？

学生分组讨论。

教师指导学生从鸦片战争后中国的耻辱和孙中山、毛泽东、邓小平等革命家的探索，一步步得出结论：实现中华民族伟大复兴，就是中华民族近代以来最伟大的梦想。

教师设问：怎样才能实现这个伟大的"中国梦"呢？由此导入下一小节。

2.第二篇章：筑梦——实现中国梦的战略布局及发展理念

（1）"四个全面"战略布局

①教师：在中国梦筑造途中，我们需要怎样的理论指导和行动指南呢？

提示："四个全面"。

多媒体展示设问，如下所述。

问题一："四个全面"战略布局是什么？

问题二：在战略执行方面，进行了怎样的规划？其目标是什么？

问题三："四个全面"战略布局的提出有何意义？

②学生带着这些问题阅读课文，并进行思考回答。教师归纳并用多媒体展示答案。

答案一：以习近平同志为核心的党中央提出了全面建设社会主义现代化国家、全面深化改革、全面依法治国、全面从严治党的"四个全面"战略布局。

答案二：2013年，中共十八届三中全会通过了《中共中央关于全面深化改革若干重大问题的决定》，指出要完善和发展中国特色社会主义制度，推进国家治理体系和治理能力现代化。其总目标是建设中国特色社会主义法治体系，建设社会主义法治国家。

答案三："四个全面"战略布局是新形势下中国共产党治国理政的总方略，为实现中华民族伟大复兴中国梦提供了理论指导和行动指南。

③教师：下面，我们通过一段视频来了解"四个全面"之间的关系。

展示视频：《读懂"四个全面"系列二》。

教师："四个全面"战略布局是新形势下中国共产党治国理政的总方略，为实现中华民族伟大复兴中国梦提供了理论指导和行动指南。但是在实施的过程中我们还面临哪些现实问题？由此导入下一小节。

（2）新发展理念

①活动：小组对抗赛，甲组同学说问题，乙组同学想解决办法。

甲组：资源枯竭，交通拥堵，环境污染（雾霾），城乡差距大……

乙组：使用新能源，绿色出行，新农村建设……

②展示图片：台儿庄古城、BRT、高铁、网购（图1-2）。

图1-2 活动所涉及实物

师：这些图片所透露出来的精神是什么？

生：创新、协调、绿色、开放、共享。

③自主阅读教材，并在教材上圈画出新发展理念提出的时间、会议、文件及其内容与影响。

教师总结：着重协调解决发展不平衡的问题。比如，要协调好我们区域、城乡间的发展，物质文明和精神文明的发展，等等。绿色，同学们应该理解这是什么意思，就是解决人与自然的和谐问题，我们要节约资源，更要保护环境和生态系统，保障食品安全。金山银山不如绿水青山。开放，我们主要是提高对外开放的质量。共享注重解决社会公平正义的问题，让我们的分配变得更加公平，使我们的收入差距和城乡公共服务水平差距缩小等。

师：通过刚才我们对新发展理念内涵的解读，同学们应该已经感受到了提出这一理念的目的，就是要着力提高经济发展的质量和效益，形成平衡发展结构，改善我们的生态环境，实现合作共赢，增进人民福祉。而这一理念的提出，针对的就是我国发展中的突出问题，回答的是中国当前最为紧迫的现实问题，关系我国发展全局和未来前景。

3.第三篇章：成梦——经济建设取得重大成就

（1）图片展示

改革开放以来，我国国民经济蓬勃发展的相关数据（图1-3）。

图1-3 我国国民经济蓬勃发展的相关数据

（2）教师设问与学生回答

师：根据图片分析我国改革开放以来，国民经济发展的趋势。

生：国内生产总值年年攀升。

师：近年来，面对经济发展环境的深刻变化，以习近平同志为核心的党中央进行了怎样的判断和决策？

生：做出我国经济发展进入新常态的科学判断，创新宏观调控的思路和方式，优化升级产业结构，积极推进科技创新，保障了国家经济的持续稳定增长。

师：中共十八大以来，我国是怎样加快实现中国梦的？

生：我国深入实施"一带一路"倡议，筹建和成立了亚洲基础设施投资银行，加快自由贸易试验区建设，等等。

（3）图片展示：多媒体展示相关图片

（图片展示）

看图提问：三幅图分别反映了国家层面的什么活动？

提示：救灾、举办大型国际体育赛事、推进国家"一带一路"倡议。

（4）教师再次设问，学生再次回答

师：随着我国综合国力的不断增强，我国开始承办越来越多的国际盛会，你们知道有哪些吗？

生：2008年北京奥运会、2010年上海世博会、2014年青年奥林匹克运动会、2022年冬奥会、2022年亚运会。

师：一系列国际盛会的举办，向世界展示了一个自信、开放、包容、友善的中国。实现中华民族伟大复兴的中国梦，是民族的梦，也是每个中国人的梦，作为新时代的中学生，你能为中国梦的实现做出哪些努力？

预设答案1：树立远大理想，积极承担社会责任，宣传党的方针、政策、路线。

预设答案2：努力学习科学文化知识，培养创新精神，提高实践能力；加强思想道德修养，增强法治观念，全面提高自身素质。

预设答案3：自觉投身于中国特色社会主义建设，抓住机遇，迎接挑战，担当起实现中华民族伟大复兴的历史使命。

（5）教师总结

今天的中国，拥有世界上最大的望远镜"天眼"，拥有改变世界的新四大发明，拥有世界上首台运算速度超过十亿亿次的超级计算机，拥有世界上首颗量子科学实验卫星"墨子号"，拥有世界上下潜能力最深的作业型载人潜水器"蛟龙"号。综合国力的持续增强，使中国在各个方面具备了雄厚的物质基础和精神力量，伴随着综合国力的不断提升，中华民族伟大复兴的中国梦一定能够实现。

（三）环节三：巩固练习、课堂小结

"个人梦"应该助力"中国梦"，在实现"个人梦"的过程中推动"中国梦"前进。为此，我们首先要加强自身的学习，增强自身的素质，提高实现梦想的能力；其次要加强对理论知识、文化知识、专业知识的学习，树立终身学习的理念，不断提高自己认识问题、解决问题的能力，为实现社会主义现代化和中华民族伟大复兴的中国梦贡献我们的力量。

（四）环节四：布置作业

基础性作业：完成填充图册。

拓展性作业：查阅地图，了解"一带一路"经过哪些国家和地区。

（五）环节五：板书设计

略。

（六）环节六：教学反思

这一节课主要以激发学生的爱国爱党激情为主，要凸显中国共产党在领导中国人民实现中国梦的过程中的历史作用，明确中国未来的发展路线，并在教学的过程中注意引用有力的、富有感染力的材料，着重以材料教育学生，使学生从真实的资料中得出自己的结论。

历史教学需要扩大教学视野，呈现历史的丰富性和多元性。这样做不仅能拓宽学生的历史视野，深化学生的历史认知，还有助于学生从新的角度思考问题，思考国家和民族的发展命运，涵养学生的家国情怀。拉长时空维度，观照社会现实，站在历史"长时段"的视角有助于教师更深刻全面地把握历史发展演变的动态。本课的价值观应当是引导学生肯定中国特色社会主义的优越性，树立起坚定走"中国特色社会主义理论"的理论自信，增强对中国特色社会主义的价值认同。

不足之处是引述的材料不够多、不够全面，在以后的教学中需要收集更多的材料，以通过史实来证明论点和教育学生。

第二章　历史教学与"制度自信"

"经济体制改革"教学设计

习近平总书记强调："没有坚定的制度自信就不可能有全面深化改革的勇气，同样，离开不断改革，制度自信也不可能彻底、不可能久远。"制度自信是说我们坚定所选择的道路，坚持所创立的制度。中国特色社会主义制度是党和人民在长期实践探索中形成的科学制度体系。我国国家治理体系和治理能力是中国特色社会主义制度及其执行能力的集中体现。中国特色社会主义制度更加符合中国国情，更加符合时代发展的要求，更加符合人民群众的利益要求。从中国人民的现实生活中，可实际地感受到中国特色社会主义制度的优越性。比如，突发新冠疫情就是对党和政府治理能力的一次大考。本课以"经济体制改革"为例，阐述加强对制度自信的培养。

一、课标要求

了解社会主义市场经济体制的建立与完善，认识改革对于中国发展的重大意义。

二、教材分析

本课是八年级下册第三单元"中国特色社会主义道路"第8课，上承"伟大的历史转折"，具体介绍党和国家的经济重心转移是通过改革开放来实现的。其分为三个子目，要求学生了解农村、城市经济体制改革的背景（必要性）、前提（坚持社会主义道路）、措施（如何改革），强调不断深化改革，建立社会主义市场经济体制。

三、学情分析

八年级学生知识面相对较广，求知欲较强，民族责任感初步确立，但自主学习习惯可能没有形成，部分学生性格较为内敛，缺乏相应的主动性。由于年龄和知识程度的限制，他们的认识仍以感性认识为主，理解本课的理论知识难度较大，可以借助视频和人物故事帮助他们更好地理解，化难为易。

四、教学目标

唯物史观：通过引导学生分析、概括农村和城市经济体制改革的过程、影响，培养学生正确的历史观，使学生理解生产关系要适应生产力发展需要的基本原则。

史料实证：以启发和讨论探究为主，运用史料分析问题，鼓励学生多角度、多层次地思考问题，充分调动学生思维的积极性。

时空观念：了解家庭联产承包责任制的时间、背景、过程、影响等基本史实，了解我国的经济体制改革首先从农村开始，形成空间和时间概念。

历史解释：以史料或所学知识为依据，能够对家庭联产承包责任制及城市经济体制改革等重要知识点进行理性分析和客观评判。认识经济体制改革的主要内容及发展过程。理解社会主义市场经济体制的概念，掌握其提出的过程、内容。

家国情怀：认识到改革开放以来，我国城乡发生巨变的事实，证明这是民族复兴的必由之路，有志者应当学好本领，沿着这条道路完成民族复兴大业。从历史的角度了解我国的具体国情，认识到改革的必要性与重要性，理解改革对经济发展与社会进步的重大作用。认识到我们要不断深化改革，适应时代要求，推动经济发展，承担起社会主义现代化建设的伟大使命。

五、教学重难点

教学重点：城乡经济体制改革的背景、过程、影响和社会主义市场经济体制的建立。

教学难点：生产关系一定要适应生产力发展需要的基本原则；社会主义市场经济体制的意义。

六、教学方法

讲述法、图示法、归纳概括法、提问法、小组讨论法、创设情境法、史料分析法。

七、教学过程

新课程的核心理念是要关注学生全面、和谐发展。历史学科本身所蕴含的思想性和帮助学生构建思想、完善人格的职责赋予了历史教学以思想感悟为主体的教学"主题"或教学"立意"的使命。所以，在历史课堂中确立教学立意有着重要意义。"新路"一词是教材中提到的，所以可在研读教材后确立本课的教学立意——"大国新路"，即中国特色社会主义道路。从开头剪辑视频《厉害了，我的国》导入，到本课结构"寻路（改什么）——筑路（怎么改）——达路（改成什么样）"，再到后来的小结"模仿苏联的路（计划经济体制）——走自己的路（改革开放，实行社会主义市场经济体制）——中国特色社会主义道路"，最后升华到理论自信、制度自信，以习近平总书记2020年新年贺词结课，点明：不惧风雨，不畏险阻。使本课的教学立意贯穿始终，并且润物细无声地直达学生心灵。

（一）导入新课

播放《厉害了，我的国》视频。

教师：请大家欣赏一段视频，看看我们中国这几十年有怎样的发展。

教师：我们国家从1978年开始，改革开放走过了40多年，走到了中国特色社会主义道路上，开辟了一条大国新路。选择这条新路源于咱们上节课学过的十一届三中全会提出的改革开放。

教师：改革开放是对内进行改革，对外进行开放。咱们今天就先学改革，当年中国为什么要改革？又是如何走上改革之路的？这节课，我们一起来学习第八课"经济体制改革"。

设计意图：以剪辑视频《厉害了，我的国》导入，引发学生兴趣，帮助学生理解把握时代特征，创设历史情境，且一开始就抛出"大国新路"这一教学立意。

（二）讲授新课

本课共三个子目：家庭联产承包责任制、城市经济体制改革、社会主义市场经济体制。我按照寻路（改什么？即经济体制改革的基本含义）——筑路（怎么改？从农村到城市的改革）——达路（改成什么样子？即经济体制改革的结果）对知识进行重新组合，方便学生掌握。

1.目标导学一：寻路——经济体制改革的基本含义（改什么？）

（1）含义

自从我们三大改造基本完成之后就建立了社会主义制度，这个制度是有优越性的，但是因为生产关系不适应生产力发展，所以这种优越性没有得到有效地发挥。所以，我们要进行改革，来解放和发展生产力。

经济体制：社会经济发展到一定阶段特定的生产关系的具体形式及其运行方式。

经济体制改革：在坚持社会主义制度的前提下，改革生产关系中不适应生产力发展的一系列环节，解放和发展生产力。

（2）引导学生思考

经济体制改革中变和不变的分别是什么？

不变：社会主义制度；变：生产关系。

（3）设计意图

从学生的认知特点出发，先解决"是什么"的问题（改革的含义）。因为理论性强，所以可引导学生读材料，让学生层层深入，归纳总结。

2.目标导学二：筑路——经济体制改革的内容

（1）农村——家庭联产承包责任制

①探究原因

请学生从材料中找出农村存在的问题及原因，从而指出改革的必要性，解决"为什么"的问题。

材料1：吹哨集合，等齐下地，干活一窝蜂，干好干坏、干与不干一个样。劳动纪律松弛，生产效率低下，出工不出力，普遍"磨洋工"，（人民公社）社员干活毫无积极性。

——林志友《人民公社制与家庭联产承包责任制之比较研究》

材料解读："吹哨集合，等齐下地"说明是集体劳动；"干好干坏、干与不干一个样"说明是平均分配；后面更是直接指出问题。

平均分配导致生产积极性不高，这不只是农村存在的问题，城市企业也是一样。

材料2：1978年，全国还有2亿多农民没有解决温饱问题。

——《中国近现代史纲要》

材料3：如果再不实行改革，我们的现代化事业和社会主义事业就会被葬送。

——邓小平（1978年12月）

设计意图：挖掘事件内在联系，帮学生还原鲜活的历史，通过材料，使学生感受历史情境，理解农民最迫切的愿望就是要改革，填饱肚子，从而理解改革的原因。

②了解过程

a.安徽凤阳尝试。

改革必须先从农村开始。但是究竟怎么改？即改革的措施。

安徽凤阳小岗村摸索出了一个办法。安徽凤阳小岗村18名村民的"生死状"如图2-1所示。

通过分析协议书内容，让学生思考农民有哪些责任和利益，从而体会到改革提高了农民生产积极性。

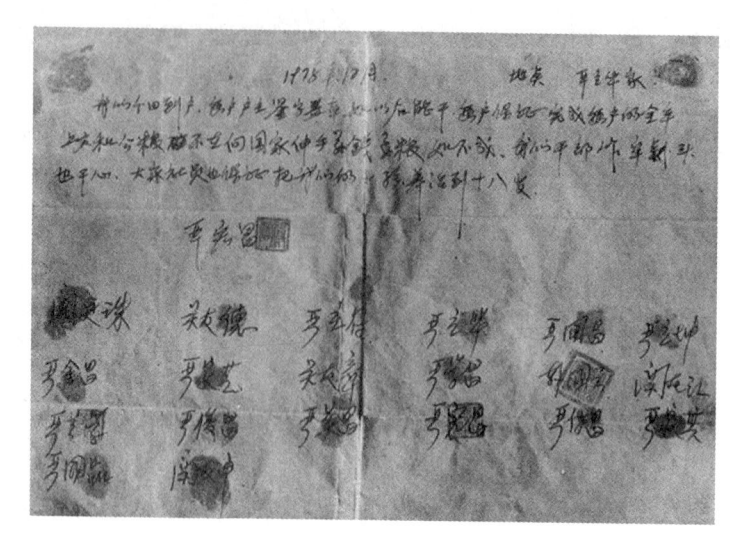

图2-1 安徽凤阳小岗村18名村民的"生死状"

材料1:"我们分田到户,每户户主签字盖章。如此后能干,每户保证完成全年上交(缴)的公粮,不在(再)向国家伸手要钱要粮。如不成,我们干部作(坐)牢杀头也干(甘)心,大家社员也保证把我们的孩子养活到18岁。"

解读材料如下:
责任:保证国家集体的。
利益:剩下全是自己的。
方法:分田到户。

材料2:农民生产积极性提高,1979年,粮食产量增长6倍多。

设计意图:培养学生阅读、分析材料的能力,并感受小岗村率先实行改革所冒的风险及取得的成效,体会改革的艰辛与成绩。

b.归纳总结农村改革过程。

数轴形式展现农村改革过程。

尝试:1978年小岗村的生产责任制→发展:1983年家庭联产承包责任制(农村改革核心内容)→深化:乡镇企业的发展。

第二章　历史教学与"制度自信"

材料3：这6年全国增产的粮食，相当于以前21年增长的粮食……基本解决了农民的温饱问题。

——《邓小平时代》

数轴解读：

首先，从字面意思解读家庭联产承包责任制的含义，再给出精准定义：家庭联产承包责任制是在土地公有制的基础上，把土地长期包给各家各户使用，农业生产基本上变为分户经营、自负盈亏。

其次，解读意义：激发了农民的劳动热情，带来农村生产力的大解放，农业生产和农民收入均有很大提高。

最后，提出美的、格兰仕是之前的乡镇企业发展而成的。

材料4：乡镇企业是20世纪80年代初期农业改革之后出现的一件大事。它在城市经济从计划向市场转轨之前和转轨初期，率先靠市场机制实现了产业发展，并推动经济进入高速增长轨道。它在城市化发展步入正轨之前，率先打开了一条农村剩余劳动力大量从农业向非农业转移、改善资源配置状况的通道。

教师：农村乡镇企业如何发展起来的？

学生：随着农业生产向专业化、商品化、社会化发展，农村乡镇企业也迅速发展起来，为农民致富和实现现代化开辟了一条新路。

带领学生思考：农村改革不变的是土地公有制，变的是生产方式（集体生产变为集体与家庭统分结合）和分配方式（平均主义变为按劳分配）。

材料5：2021年2月25日，习近平总书记在全国脱贫攻坚总结表彰大会上宣布：现行标准下，9899万农村贫困人口全部脱贫，832个贫困县全部摘帽，12.8万个贫困村全部出列，区域性整体贫困得到解决，完成了消除绝对贫困的艰巨任务！

在中国共产党成立的第100年，我们赢得了这场脱贫攻坚战，上亿的农村贫困人口脱贫。

设计意图：培养学生分析、归纳问题的能力。拉近历史与现实的距离。

（2）城市经济体制改革

①过渡

农村改革的成功为深化改革打下了基础，改革的浪潮从农村涌向了城市。1984年，邓小平在会见德国总理科尔时说过："虽然城市经济体制改革比农村复杂，但有了农村改革的成功经验，我们对城市改革很有信心。"

1984年10月，中共十二届三中全会通过了《中共中央关于经济体制改革的决定》，改革的重点从农村转向城市。

设计意图：使学生掌握改革的过程，即从农村到城市，体会两者之间的内在联系，通过过渡使这两个知识点有机结合。

②改革措施及原因

材料1：上海的天气很热，企业要买风扇、鼓风机降温，要经过11个部门的审批盖章，等最后的图章盖完，夏天已经过去了。

——《广州日报》

材料2：（1984年担任青岛电冰箱厂厂长时）欢迎我的是53份请假报告，上班八点钟来，九点钟走人。

——张瑞敏（海尔集团首席CEO）

学生解读材料中企业存在的问题，填写表格，对应解决方案（表2-1）。

表2-1　材料中企业存在的问题及解决方案

	存在问题	解决方案	中心环节
所有制结构	单一所有制	公有制为主体，多种所有制经济共同发展	增强企业活力
分配方式	平均分配	按劳分配为主体，多种分配方式并存	
职权划分	政企不分	政企分开，逐步扩大生产经营自主权，实行经营责任制	

设计意图：通过材料讨论完成表格，让学生意识到城市经济体制改革前国有企业的弊端，解决这些弊端需要城市改革措施，同时让学生明白其中心环节就是增强企业活力。

③城市体制改革的结果

数据还原海尔集团的发展历程，它是全球第一白色家电品牌。介绍还有很多企业也是从1984年城市体制改革开始起步并且腾飞的，如万科、联想等。

a.图片展示青岛海尔总部大楼（图2-2）。

图2-2　青岛海尔总部大楼

b.发展历程：1984年的青岛电冰箱厂——亏损147万元。

1991年组建海尔集团——1992年利润8亿元。

现在的海尔集团——2018年营业额2661亿元。

从中可以看出城市体制改革颇具成效。

c.改革的结果：企业有了经营自主权；实行经营承包责任制，克服了平均分配的弊病；调动了企业职工工作的积极性；城乡出现了经济大发展的崭新局面。

设计意图：数据对比一目了然，使学生理解改革给企业带来的变化，明白城市体制改革的作用，增强学生民族自豪感。

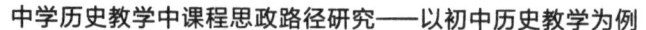

3. 目标导学三：达路——社会主义市场经济体制的建立

（1）社会主义市场经济体制含义（图2-3）

图2-3 市场经济体制

通过解读漫画，帮助学生理解以下问题：

①我国经济体制改革改成什么样？

答：从计划经济体制改为社会主义市场经济体制。

②社会主义市场经济体制改革的含义、提出、确立和作用分别是什么？

答：含义——同社会主义基本制度结合在一起，使市场在国家宏观调控下对资源配置起基础性作用。2013年市场开始起决定性作用。

提出——1992年，中共十四大明确提出要建立社会主义市场经济体制。

确立——1993年，中共十四届三中全会通过《中共中央关于建立社会主义市场经济体制若干问题的决定》。

（2）计划经济体制与社会主义市场经济体制的区别（表2-2）

表2-2 计划经济体制与社会主义市场经济体制的区别

	计划经济体制	社会主义市场经济体制
运行机制	国家计划	市场机制
调节手段	行政手段	经济、法律手段
调节方式	国家直接调控企业	国家调控市场、市场引导企业
所有制结构	结构单一	结构多元
利益分配	平均主义	注重效率

作用：把社会主义基本制度和市场经济结合起来，建立社会主义市场经济体制，有利于经济协调发展和稳定高速增长，对现代化建设有巨大推动作用，可使中国的经济实力明显增强。

设计意图：社会主义市场经济体制既是本课的重点，又是难点，通过漫画解读，突出重点，突破难点。对计划经济体制和社会主义市场经济体制进行比较，既可点明课题，又可帮助学生理解为什么社会主义市场经济体制改革是我国改革的目标。

（三）课堂小结

社会主义市场经济体制是一种史无前例的体制，是我党的一次真正的理论创新。1978年，我国首先在农村开始改革，其核心内容是家庭联产承包责任制。1984年，加快以城市为重点的经济体制改革的步伐。1992年，中共十四大明确提出社会主义市场经济体制是我国经济体制改革的目标。

我国的社会主义建设，从模仿苏联，实行计划经济体制，到改革开放40多年来，摸索出了一条适应我国国情的自己的路。我们既不走封闭僵化的老路，也不走改旗易帜的邪路，走的是一条在人民群众的伟大实践中开创出来的中国特色社会主义新路。正如习近平总书记强调的："没有坚定的制度自信就不可能有全面深化改革的勇气，同样，离开不断改革，制度自信也不可能彻底、不可能久远。"制度自信就是说我们坚定所选择的道路，坚持所创立的制度，自信地认为我们必然因此不断发展前进。有了制度自信和道路自信，我们最终一定能实现中华民族伟大复兴的梦想。最后，用习近平总书记的新年贺词结束今天这堂课，即"历史长河奔腾不息，有风平浪静，也有波涛汹涌，我们不惧风雨，也不畏险阻"。

设计意图：从模仿苏联，到走自己的路，到中国特色社会主义道路，并且升华到制度自信和理论自信，使本课教学立意贯穿始终，且自然流畅，不生硬。中国的改革始终在路上，我们要将改革进行到底，用习近平总书记的讲话结课，厚重而具有时代感。

第三章　历史教学与"道路自信"

"对外开放"教学设计

对外开放是中国共产党的一次伟大觉醒，正是这个伟大觉醒孕育了党从理论到实践的伟大创造。开放合作带来发展进步，封闭自守必然落后贫弱，这是人类社会发展的历史经验，也是近代以来中国历史演进的重要启示。改革开放以来，正是不断扩大对外开放极大地解放了思想和生产力，彻底改变了中国和中国人民的面貌与命运，中国也通过改变自身而深刻影响了世界，进而创造了中国和世界交融发展、合作共赢的辉煌历程。如今，中国经济社会持续快速发展，综合国力和国际地位得到极大提升，已经成为世界第二大经济体、制造业第一大国、货物贸易第一大国、商品消费第二大国、外资流入第二大国和最大的外汇储备国，在世界经济中占据举足轻重的地位，中华民族也以崭新姿态屹立于世界东方。这些历史性成就的取得，得益于对外开放强有力的驱动。

对外开放无疑是中华民族从站起来走向富起来的重要法宝，坚持在改革开放中探索适合自身发展的正确道路，是中国继续追赶世界先进水平的一条重要途径，也是实现"两个一百年"奋斗目标、实现中华民族伟大复兴的关键一招。本课以"对外开放"为例，加强学生对道路自信的培养。

一、教材分析

本课为八年级下册第三单元第9课，主要涉及的内容为对外开放。从单元结构来看，本课是改革开放这一主题的一部分。从内容结构来看，改革和开放是相辅相成的，二者属于互相促进的关系。因此，教材在涉及对外开放问题时，也牵涉了一部分改革的内容。此外，本课之后是第10课"建设中国特色社会主义"这一内容，从二者关系来看，改革开放实际上是"中国特色社会主义理论"的实践，而"中国特色社会主义理论"又是对改革开放中遇到的问题给予的理论解释，是对改革开放成果的理论升华。因此，讲好本课是引导学生更为深入地理解"中国特色社会主义理论"相关知识的前提。

二、教学对象分析

本课的历史性较强，相关问题都有相应的历史背景作为支撑，从学生的认知程度来说，初中阶段的学生一般具有较强的具象思维，并开始逐步萌发出抽象思维。因此，从本课来看，设置一些具体的历史情境，将会更加有利于帮助学生理解这段历史。同时，在学习本课之前，学生们已经学习了第8课"经济体制改革"这一内容，对于改革开放时期中国面临的问题有了初步的认识，尤其对于改革开放的内在动因有了一定的了解，这为本课的讲授提供了很好的知识前提。

三、设计思想

"对外开放"一课，充分利用图片、视频等资料，使学生学习用多种方式走近、了解历史；在教材内容的处理上，可采用问题探究教学方法，即设计一系列问题，并引导逻辑推理，层层推进，使学生通过合作学习、小组讨论理解掌握课堂内容，提高他们分析、解决问题的能力。

四、教学目标

（一）知识与技能

（1）通过学习经济特区设立过程中的相关史实，明白经济特区建立的重要价值及其对于中国对外开放的巨大促进作用。

（2）通过探究图表展示内容，明确对外开放格局的形成过程及其特点。

（3）通过对加入世贸组织过程的学习，认识加入世贸组织的重要性及其影响。

（二）过程与方法

通过分析图片和材料、观看视频、自由讨论发言等方式培养学生积极参与、相互合作的精神，锻炼学生口头表达能力并提高学生的分析能力和历史联系现实的能力。

（三）情感态度与价值观

通过对中国对外开放历程艰难性的呈现，引导学生认识历史发展的曲折性，以及今天改革成果的来之不易。通过对外开放前后中国面貌的对比，引导学生认识对外开放的必要性和正确性，进而坚定对走社会主义道路的自信心。

五、教学重难点

重点：经济特区的设立。
难点：如何理解对外开放给中国带来的变化。

六、教学方法

讲授法、问题探究法、小组合作法。

七、教学大纲

（一）探析开放缘由

一段印象深刻的访问。
一场持续不断的逃离。

（二）再历开放征程

一个目光长远的政策。
一个不断开放的格局。
一场艰苦卓绝的谈判。
一场天翻地覆的巨变。

（三）坚守开放道路

一场没有终点的开放。

八、教学过程

（一）环节一：创设情境，激趣导入

师：同学们好！首先，非常开心和大家一起来进行一次新课的学习。

师：我想问一下大家有没有听说过蝌蝌啃蜡？

生：没有。

师：在20世纪20年代末30年代初的时候，上海和天津的市场上突然出现了一种咖啡色的、有气的、味道怪怪的饮料，叫作蝌蝌啃蜡。但很快，这款饮料就有了一个很美妙的、朗朗上口的名字，就是可口可乐，这个名字一直沿用到今天。这是大家非常熟悉的一款饮料。可口可乐首次进入中国市场时，因为主要在租界出售，所以被称为"资产阶级的饮料"。1949年，随着美国大使馆撤离，可口可乐也撤出了中国大陆市场。那么中华人民共和国成立后这款"资产阶级的饮料"——可口可乐又是何时重回大众视线，并被人们再次接受的呢？

出示：北京饭店。

讲述：这是位于北京市中心的一所有名的五星级饭店，1978年12月13日在这个饭店的一个会议室内，中美两国代表进行了恢复邦交的谈判，而在同一层的另一个会议室，中国的一家贸易公司和美国的可口可乐公司商谈了合作的事宜。五天之后的12月18日，中共十一届三中全会在北京召开，我们的国家做出了一个伟大的决策——改革开放。一天之后，也就是12月19日，可口可乐公司在美国宣布将重返中国市场。它也成为改革开放后第一个重返中国大陆市场的外国消费品。

可以看出来，可口可乐能够重新入华和哪个政策有关？如果中国没有选择对外开放，可口可乐无论如何也无法进入中国市场。而随着开放的深入，我们还看到更多耳熟能详的外国消费品牌进入中国市场，也看到很多国内的消费品走向了世界。但是对外开放的大门不是一推就开的，需要一步步试探挪动，而且可能我们走的每一步都像摸着石头过河，十分惊险。那么今天我们就一起走进第9课，回到开放的起点，来探析开放缘由，再历开放征程。

设计意图：通过可口可乐，引出新中国的对外开放，导入新课，来刺激学生的感官，激发其学习的积极性。

（学生结合学案阅读课本）

（二）环节二：互动教学，新知探究

1.探析开放缘由

（1）一段印象深刻的访问

首先从一段印象深刻的访问开始，中国由12位国务院副总理、全国人大副委员长以上领导人组成的代表团先后20次访问了51个国家，既有周边邻国，也有东欧社会主义国家，还有自新中国成立以来从无来往的西方国家，这个代表团后来被称为"中国向世界开放的先遣队"。我们通过一段视频感受一下。

播放视频。

师：从这段视频中我们可直观地感受到，20世纪70年代的中国与世界的差距是怎样的？

生：非常大。

师：有这样几个镜头，即邓小平在日本的新干线上发出了感叹：快！

师：邓小平的这个"快"字，可以说是意味深长，那么他的这个"快"有什么含义呢？大家想一下。

生：第一，指新干线高速列车快。第二，指西方国家经济发展快。

师：无论是管理经验方面、资本积累方面还是技术方面，我们和世界先进水平都有很大的差距。而我们赶超世界的一个最便捷的途径，就是向先进的发达国家学习。换句话说，就是实行对外开放，借鉴他们的经验，这也是顺应时代潮流的决策，但是如何开放？在哪里开放？就在人们感到困惑的时候，发生在中国南部广东的一件事情很大地影响了后来历史的发展。

（2）一场持续不断的逃离（图3-1）

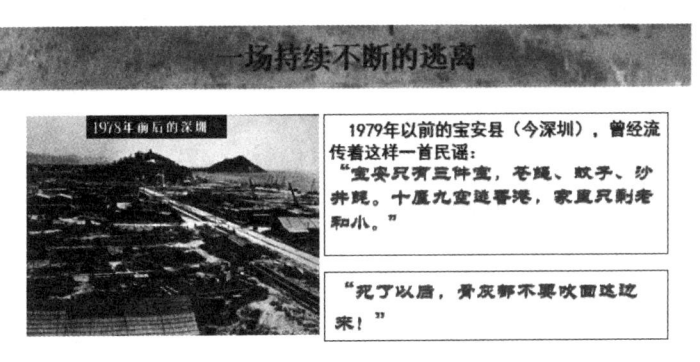

图3-1 一场持续不断的逃离

师：据统计，中华人民共和国成立之后的二十多年里，累计逃往香港的内地居民超过了100万人。仅1978年，广东便发生"逃港"事件9.7万多人次，逃出1.8万多人。香港新界原本并没有一个什么罗芳村，居住在这里的人竟然全都是从深圳的罗芳村过去的。大批群众"偷渡外逃"，广东怎么办？到底是什么导致了人口大量外流？

展示材料得出结论：设立经济特区。

大批群众"偷渡外逃"原因如图3-2所示。

用生命作赌注的"逃港"风潮		
	（深圳）罗芳村	（香港）罗芳村
人均年收入	134元	13 000元
日收入	0.7~1.2元	60~70元

——陈秉安《大逃港》

图3-2　大批群众"偷渡外逃"的原因

（3）一个目光长远的政策

1979年中央工作会议上，广东省委书记习仲勋主动请缨："我代表（广东）省委，请求中央允许在毗邻港澳边界的深圳搞贸易合作区。"

师：从宝安回去后，习仲勋当机立断，来到北京向中央要政策，要先走一步，准备在深圳地区创办"对外贸易区"，而他的想法与中央领导同志不谋而合。

此时的邓小平刚刚从西方各国考察回来，巨大的差距给他带来了危机感和紧迫感。因此，面对习仲勋的要求，邓小平的回答是这样的（出示材料）：

"在你们广东划出一块地方来，也搞一个特区。过去陕甘宁边区就是特区。中央没有钱，可以给些政策，你们自己去搞，杀出一条血路。"

师：从这段话中能获取什么历史信息？

预设：广东主动提出特区探索；中央同意广东的探索；当时国内经济困难，中央没有钱；杀出一条血路说明特区道路艰难，阻力和困难很大；你们自己去搞，说明中央同意给予特区一些自主权。

讲述：在邓小平的支持下，1980年国家正式批准在广东省深圳、珠海、汕头和福建省厦门设立经济特区，并通过了《广东省经济特区条例》。至此，中国经济特区正式诞生。

2. 再历开放征程

（1）一个不断开放的格局

师：创办经济特区是广东对外开放的起点，也是中国对外开放的起点。那么我们的国家是如何一步步打开国门拥抱世界的？对外开放历程如何？我们通过一段视频来总结一下，视频结束后，我会请同学结合课本来为大家展示预习成果，来讲述开放的过程。

播放视频。

课前准备如图3-3所示。

图3-3　课前准备

设计意图：给同学们充足的时间，让同学们依据材料并结合课本完成学案上的6道思考题，并找同学一一解答。

教师总结：我们已经探寻完我国的对外开放之路，大家不难看出，我国对外开放格局初步形成，呈现出从点到线再到面渐进式特点。除此之外，其还呈现以下特点。

①全方位：我们的开放是对世界所有国家的开放。

②多层次：经济特区、沿海开放城市、沿江开放港口城市、沿边城镇、内地省会城市的不同层次体系。

③宽领域：我们的开放是从经济到政治、文化、外交、军事多领域的开放。

师：现在我们已经了解了对外开放的大致历程，但其中也有一些重要的问题需要再次用智慧来解决。请同学们看一下手中的导学案，我们依次来解决其中的几个问题。

①说一说，除深圳外，1980年我国兴办了哪些经济特区？

②经济特区"特"在哪里？

③特区的作用有哪些？

师：邓小平还高度评价经济特区，即特区是个窗口，是技术的窗口、管理的窗口、知识的窗口，也是对外政策的窗口。

师：透过窗口，中国人看到了什么？或者说，经济特区到底给我们的国家带来了怎样的变化？我们通过一个事例来感知这场悄然发生的变革。

两个饭店实例的对比如下。

材料1：

阿城在《闲话闲说》里有一段说："北京我家附近有一个饭馆，六六年'文革'时贴过一张告示，大意是从今后只卖革命食品，也就是棒子面窝头，买了以后自己去端，吃完以后自己洗碗筷，革命群众需遵守革命规定。八六年的时候，同是这家饭馆，墙上贴了一条告示：本店不打骂顾客。"

材料2：

1990年10月8日，内地第一家麦当劳餐厅——光华餐厅在深圳市罗湖区东门商业步行街盛大开幕。餐厅共设座位约460个。购买快餐的队伍从餐厅三楼排到一楼，再绕着整个光华楼转了几圈。

师：洋快餐受到追捧，背后反映了什么问题？

学生阅读材料，有序发表自己的看法。

设计意图：引出问题，启发学生在具体情境下思考问题。

教师引导：服务态度背后的管理问题。洋快餐的引进让我们看到了国际管理中的先进经验。

师：我们该怎么做？

生：学习外国先进经验。

师：时至今日，我们出去用餐时，无论在什么类型的饭店，是否还会见到类似"本店不打骂顾客"这样的管理方式？我们的用餐体验有了怎样的变化？

生：没有了，这说明我们国家饭店管理方式发生了转变，服务质量显著提高。

教师：实际上这样的变化体现在我们生活中的方方面面，同学们回家后可以和家里的长辈聊聊改革开放40多年来的种种变化。

出示材料：

1990年国家决定开发浦东，这是我们实行对外开放的一张王牌。2020年，是浦东开发开放30周年，浦东新区的生产总值已达到13207亿元人民币，是1990年的219倍；人均GDP达到27.3万元，折合3.72万美元，达到中上等发达国家水平。今天的浦东，已经从30多年前的偏僻大农村变成了世界金融中心。

（2）一场艰苦卓绝的谈判

师：我们对外开放的步子走得越来越稳，对外开放格局也初步形成，但在这个过程中我们仅仅单向地开放自己与世界接轨，这够不够？是否需要更大的空间？我们不仅要"引进来"，还要"走出去"。走出去对中国而言可能是一个更大的机遇。那么要如何走出去？

生：加入世界贸易组织。

师：那什么是世界贸易组织呢？

教师简单介绍：

世界贸易组织是一个通过实质性削减关税等措施建立完整的、更具活力的、持久的多边贸易体制的国际组织。

加入世贸组织对于中国来说是一个机遇，中国的企业可以由此获得更大的市场，减少与世界交往的障碍。然而，这场加入世贸组织的路程并不平坦。

1986年7月10日，中国正式提出关于恢复关贸总协定缔约方地位的申请。历经15年谈判，最终在2001年11月11日，中国正式签署加入世界贸易组织协定。

师：为什么这场谈判如此旷日持久？其实在当时国内对于要不要加入世界贸易组织是有两种不同意见的。

设计意图：引导学生在情境中思考，并结合生活经验。

师：这个过程中，我们的谈判专家发挥了巨大的作用。在加入世贸组织谈判中，我们要求外国汽车公司进入中国只能建立合资公司，持股比例不能超过50%，所以今天我们看到大街上有很多外国品牌的汽车，但是我们仔细看会发现他们大多是合资车，如"一汽丰田""广汽本田""上海大众"等。

师：这给我们一个启示，实际上很多问题的答案未必是非此即彼，要么加入要么不加入。遇到困难时，我们可以开启智慧，用其他方法来加以解决。

2002年中国的汽车产销达325.12万辆，比上一年增长91.68万辆。媒体用"火爆""井喷""春风得意""春光满面"来描述这一年的中国汽车业。

至此，我们的改革开放又进入了一个新时期。从1978年党的十一届三中全会决策进行改革开放以来，我们的改革开放已经走过了40多年，这40多年走得不平坦、不平凡。40多年后，当我们再回首这段历史时，我们发现当年所面临的问题都有了很好的答案。

（3）一场天翻地覆的巨变

①逃港问题。2006年，香港特别行政区规划署发布"香港居民在中国内地居住情况及意向"调查结果表明，到内地定居的香港居民，2001年为4.1万余人，2003年为6万余人，而2005年为9.18万人，4年间增长了一倍多。另外，还有8.02万人打算未来移居内地。

②高速铁路。还记得邓小平在日本新干线上充满羡慕的感叹，但到2017年底，高铁通车里程是2.5万千米，世界排名第一。

③外资企业。2017年8月4日，中信股份发布公告称，公司联合凯雷以总时价161.41亿港元收购麦当劳中国的股权。2017年10月12日麦当劳（中国）有限公司更名为金拱门（中国）有限公司。

④汽车行业。2010年，浙江吉利控股集团有限公司宣布，8月2日在伦敦完成对沃尔沃轿车公司全部股权的收购。

3. 坚持开放发展——一场没有终点的开放

师：40多年前我们是国际秩序的参与者，到今天随着国力的增强，我们不但是国际秩序的参与者，也成了国际秩序的制定者之一。所以，我们要坚持开放发展。

对外开放是一场没有终点的远行，党的十八大以来，我们还有哪些对外开放的重大举措吗？

生：我们筹建了亚投行，提出了"一带一路"倡议，参加了G20、金砖国家会议，等等。

师：习近平主席在新一轮对外开放中说道："共建'一带一路'倡议源于中国，但机会和成果属于世界。"我们的国家只会更加自信坚定地迈向新征程，而对历史的最好纪念，就是创造新的历史，让我们共同见证下一个辉煌奇迹。

第四章　历史教学与"文化自信"

"两汉的科技和文化"教学设计

不同文明之间的对话、交流、融合，汇成了人类文明奔流不息的长河。各文明之间虽存在差异，但没有优劣之分。各种文明都包含人类发展进步所积淀的共同理念、共同追求。在多样中求同一，在差异中求和谐，在交流中求发展，是我们应有的文明观。历史教学中家国情怀培养的重点是文化自信，且教师自身要先树立正确的文化观，对本国文化不自卑，也不自大，敢于自省，并能认同他国优秀文化，胸怀天下。希望我们的课堂都能做到"视野不能狭窄和短促，结构和思想不能僵化，在面对未来时，不要自限脚步，自设樊篱"，树立文化自信，涵养家国情怀。本课以"两汉的科技和文化"为例，加强学生文化自信的培养。

一、教案背景及教材分析

本课是部编版初中历史七年级上册第15课，是第三单元的最后一课，主要学习四部分内容：造纸术的发明、张仲景和华佗、史学巨著《史记》及道教和佛教，这四部分内容展现了两汉时期社会经济的发展与科技文化领域的新突破，这些成就丰富和促进了中华文明。

二、学习目标

（1）掌握造纸术的发明和改进相关内容，理解造纸术对世界文明的贡献（时空观念）。

（2）了解两汉时期著名医学家张仲景和华佗的主要成就（家国情怀）。

（3）了解《史记》的作者、记述内容等史实，分析《史记》的地位和价值（史料实证、历史解释）。

（4）了解道教产生和佛教传入的基本史实（时空观念）。

（5）认识两汉时期我国科学技术在世界上的领先地位和中华民族对人类文明作出的巨大贡献（历史解释、家国情怀）。

三、教学重难点

（一）教学重点

造纸术的发明和改进；张仲景、华佗的生平和成就；佛教和道教在秦汉时期的发展情况；司马迁和《史记》。

（二）教学难点

宗教得以传播的原因及其影响，树立正确的宗教观。

四、教学方法

（1）针对学生的情况及教学内容特点，本课拟依据完全从学生的现实需要和未来发展出发的理念，采用"自主探究式"教学法。教师通过创设情景、展示影片资料、讲解、设疑、激趣等起到组织者、引导者和合作者的作用。

（2）采用分组导学、学生自主合作探究的方式，即鼓励学生观看、探究、合作等，让学生积极动脑、动口、动手，真正体现学生主体作用。

五、教具准备

多媒体课件。

课件的设计体现了核心素养的要求，同时丰富的课件内容能够引起学生的注意。其中，影片的联结适合初一学生的天性，也能够很好地调动学生的积极性。

六、教学时间

1课时。

七、教学设计

（一）环节一：创设情境，激趣导入

教师讲述：张骞通西域后，佛教通过丝绸之路传入中国。东汉明帝时，公元67年，西域的僧人运载佛经到洛阳。此后，僧人开展了翻译佛经的工作。大家知道这些佛经写在什么上面吗？写在纸上还是其他材料上呢？学完本课，相信大家能给出正确的答案。

设计意图：与上节课所学知识建立联系，以本课最后一子目的佛教内容勾连起本课的第一子目，提出疑问，引起学生对本课的学习兴趣。

设计意图：设置疑问，引起学生学习和探究的兴趣，用熟悉的人物等导入新课，能刺激学生的感官，激发其学习的积极性。

（二）环节二：互动教学，新知探究

1. 主题一：科技创新——造纸术的改进

（1）古代书写材料的变化

课件展示：纸发明以前人们的书写方式（表4-1）。

表4-1 纸发明以前的书写方式

特点	材料		
	甲骨、青铜器、砖	缣帛、羊皮	缣简、木牍
优点	坚硬耐久	可直接用笔书写 便于储存携带	廉价易得
缺点	字数有限 体积大且重 不便书写	价格昂贵	每片可写的文字少 分量很重

讲解：纸普遍使用前，在相当长的时间内，中国人就在竹木简上书写文字。当书籍篇幅和数量增加时，羊皮纸、简牍等常用载体的局限性就暴露无

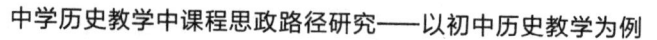

遗。写一部《圣经》需要用100张羊皮，写一部《史记》需要2.6万枚木简。现在我们还把书按"册"计算，这个"册"字就是个象形字，很多竹木简用绳子串在一起，就成"册"了。但竹木简太重了，据史料记载，秦始皇一天要看60千克重的文书，而帛又很贵，不能大量使用。随着文化的发展，需要有一种既便宜又方便的书写材料，这就推动了人们对造纸术的研究。

（2）造纸术的出现

课件展示：现代发现最早的纸。

讲解：甘肃天水放马滩出土了西汉绘有地图的纸，是西汉早期用麻做的纸，也是目前世界上发现最早的纸。但纸的质量比较差，产量也不高。东汉时，宦官蔡伦负责管理为朝廷造纸的作坊，他总结了劳动人民的经验，于公元105年改进了造纸术。

（3）造纸术的改进

教师讲述：简、帛等书写材料都有着明显的缺点，因此古人一直在寻找成本低、轻便、易保存的书写材料。西汉时期，人们已经懂得了造纸的基本方法，但麻纸质地粗糙，使用不便，并未普及。东汉和帝时，公元105年宦官蔡伦总结前人经验，改进造纸工艺，扩大造纸原料（麻→树皮、麻头、破布、旧渔网等植物纤维），大大提高了纸的质量和产量，使纸的使用日益普及。

伦乃造意，用树肤、麻头及敝布、渔网以为纸。元兴元年奏上之，帝善其能，自是莫不从用焉，故天下咸称"蔡侯纸"（《后汉书·蔡伦传》）。

视频播放：蔡伦改进造纸术（图4-1）。

图4-1 蔡伦改进造纸术

课件展示：展示史料并提出问题。说明蔡伦改进造纸术的优点（提高了纸的质量）。

（4）造纸术的传播及其意义。

教师活动：引导学生回答新课导入时提出的问题，提醒学生分辨传译佛经和蔡伦改进造纸术的时间（公元67年与公元105年）。

学生活动：学生留意传译佛经和蔡伦改进造纸术的时间，回答出佛经传译时并未写在纸上，很可能是写在简帛上的答案。

教师讲述：最初传译佛经时确实不是以纸为载体，但后来纸的改进和推广有力地促进了佛教的传播。

教师活动：展示以下材料，引导学生理解造纸术对世界文明的重大意义。

中世纪欧洲印刷一部《圣经》，至少需要300张羊皮。这种状况如果继续下去，那么除了少数富有的人以外，没有人买得起书，文化信息的传播就会受到极大的限制。中国的造纸技术从根本上改变了这一状况。

讲解：纸最初传入朝鲜、日本，后来又向西传入阿拉伯，并通过阿拉伯人传到欧洲和非洲。与竹木简和帛相比，纸的主要长处是什么呢？竹木简太笨重，帛的价格昂贵，纸不仅携带方便，而且造价低廉。纸的发明大大方便了人们的书写和人类文化的传播，所以造纸术是中华民族对世界文明的伟大贡献之一。

2.主题二：医学济世——张仲景与华佗

（1）人物档案

多媒体展示张仲景和华佗的人物档案，学生根据老师提供的问题找出信息。

（2）张仲景与《伤寒杂病论》

课件展示：张仲景像、《伤寒杂病论》书影。

讲解：张仲景是东汉末年的名医。当年连年战乱，疾病流行，为了帮助人民解除病痛，挽救病人的生命，他"勤求古训，博采众方"，并结合自己的医疗实践，写成了举世闻名的《伤寒杂病论》。这是我国第一部中医临床诊断治疗的专著，奠定了我国中医治疗学的基础。其还提出了"治未病"理论，提倡预防疾病。张仲景以其卓越的成就受到后人的尊敬，被称为"医圣"。

（3）"神医"华佗

课件展示：华佗像和华佗的成就。

讲解：华佗是东汉末年的民间"神医"，他勤奋好学，精通内、外、妇、儿、针灸科，尤其擅长外科手术。

课件展示：刮骨疗伤图片。

讲解：在罗贯中的《三国演义》中，有一段华佗为关羽刮骨疗毒的描写，讲的是关羽被毒箭所伤，华佗为关羽剖臂刮骨，去除骨上的剧毒，而关羽神色不变尚与人下棋。但这是民间广为流传的一个虚构故事，因为华佗早已在关羽刮骨疗伤之前去世了。

华佗经过多次实验终于研制成功了麻醉药，他给起了个名字叫麻沸散。他是世界上最早发明和使用麻醉剂做手术的外科医生，欧洲则是在华佗死后1700年才学会使用麻醉药。

课件展示：五禽戏图片。

讲解：（解释史料）人体要劳动、运动，但不能过量。在适度劳动和运动的过程中，人体摄取食物的精华将被吸收和消化，血脉通畅，不易得病。就好比门的轴一样，经常转动就不会被虫蛀而致腐烂。圣人不等病已经发生再去治疗，而是在疾病发生之前就开始治疗。华佗为年老体弱者编排了一套模仿猿、鹿、熊、虎、鸟五种禽兽姿态的健身操——"五禽戏"，至今还有许多人学习。

3. 主题三：史学巨著——司马迁与《史记》

教师活动：讲述司马迁的故事。司马迁是我国两汉时期伟大的史学家，少年时饱读诗书，青年时壮游天下，中年时继承父亲遗志，著有《史记》。《史记》共130篇，52万余字，是中国古代第一部纪传体通史，记述了从黄帝到汉武帝约3000年的史事。与《史记》一同流芳百世的还有他的这句名言："人固有一死，或重于泰山，或轻于鸿毛，用之所趋异也。"（司马迁《报任安书》）

教师活动：请同学翻译这句名言，并引导学生了解司马迁在遭受宫刑后忍辱负重、发愤著书十余年终得《史记》的故事。

学生活动：理解司马迁其人其事的精神内核，即面对艰难挫折、身心摧残时毫不畏惧，为了理想，时刻拥有坚忍不拔的顽强斗志。

教师活动：展示以下材料，让学生了解司马迁公正记事、重视实证、秉笔直书的写作个性，也让学生了解该书具有很高的艺术性，文笔优美、所记人物栩栩如生。《史记》不仅是伟大的历史著作，也是优秀的文学著作。

材料①：其文直，其事核，不虚美，不隐恶，故谓之实录。

——班固《汉书·司马迁传》

材料②：《史记》……固不失为史家之绝唱，无韵之《离骚》矣。惟不拘于史法，不囿于字句，发于情，肆于心而为文。

——鲁迅《汉文学史纲要》

设计意图：讲述司马迁的生平和《史记》的独特之处，使历史更加鲜活，让学生了解到《史记》的特殊历史地位。两汉时期的史学已经有所发展。

4. 主题四：讲经论道——道教和佛教

（1）道教的兴起

道教是中国的本土宗教，形成于东汉时期。道教奉先秦道家创始人老子为教祖，以《道德经》为首要经典，以"道"为基本信仰。那么道教为什么兴起于东汉时期呢？大家都知道，在东汉末年，人民生活困苦，需要精神寄托。那么在第13课的黄巾起义中张角创立了太平道。他的信徒主要来自下层的贫苦百姓，当时在汉中、巴蜀地区还有张陵创立的五斗米道，人们只要出五斗米就能入道治病。张角、张陵创办的太平道和五斗米道在教义和传播方式上类似，都受到底层百姓的支持。

提问：那么我们生活中有哪些道教元素呢？

课件展示：玉皇大帝、太极拳等图片。

提问：东汉时期兴起的道教与佛教有哪些不同和相同之处呢？

答：

不同：佛教是由国外传入；道教则是土生土长，在民间兴起。佛教主张今生忍受苦难、虔诚信佛，来世得到幸福；道教主张修身养性、炼制丹药，以求得道成仙，追求今生的成功。

相同：都得到了统治阶级的扶持；都为统治阶级所利用，作为统治人民的工具；都对我国文化有深远的影响。

（2）佛教的传入

学生自主阅读课本相关内容，找出佛教的发源地、何时传入中国、通过哪一途径，并提问学生这些问题。

课件展示：佛教传入的地图。

讲解：佛教在公元前3世纪开始外传，东汉明帝时派人到天竺求经，用白马驮回佛经42卷和释迦牟尼的画像，明帝令在洛阳建白马寺。佛教开始大范围传入中国，并且发展很快。

提问：佛教传入后，最先接受的是统治阶级上层，到了东汉后期，有相当多的下层劳动人民也接受了佛教。请想一想，这是为什么？

东汉后期，宦官和外戚交替专权，政治黑暗，吏治腐败，人民生活艰辛，佛教所宣扬的灵魂不灭、转世投胎等观点就成了他们的精神寄托。佛教宣扬的忍受苦难、寄希望于来世，客观上有安定社会秩序的作用。

提问：佛教传入我国以后，对中国社会造成了什么影响？

课件展示：佛教雕塑、佛教类型的影视剧等。

讲解：佛教的传入对我国各方面的影响都很大。

在哲学方面，佛教对人的心理活动和认知过程有极为细致深入的研究，弥补了我国哲学的不足。

在文学方面，大量佛经被翻译过来，受到了历代文人的喜爱。佛教还为中国文学带来了新意境、文体、词语等，特别是后来形成的禅宗思想，对王维、白居易、苏轼等人的诗歌创作产生了深刻影响。

在艺术方面：寺塔、佛像、石窟等，至今保存下来的大都成了风景名胜。此外，舞蹈、音乐、壁画等都受到了佛教的影响。

(三) 环节三：巩固练习，小试身手

师生合作：一群伟大的作者；一批千古流传的作品；反映时代灵魂的声音——每个人都是文化的传承者。

第五章　历史教学与世界观培养

"探寻新航路"教学设计

马克思、恩格斯用"历史向世界历史的转变"来概括人类社会从封闭片面性、分散独立性的存在,渐次转变为整体联系性、一体化的存在的历史。当今世界,更能让我们深刻感知世界历史的经验性存在,整个世界早已成了"地球村"。人类交往的世界性比过去任何时候都更深入、更广泛,各国相互联系和彼此依存比过去任何时候都更频繁、更紧密。人类还停留于各民族的地域性存在时,人类命运共同体的确是理想的目标,但只能是一种理论上的构想,难免具有抽象性。但进入世界历史时代,构建人类命运共同体不仅有了历史提供的经验基础,也成为大势所趋、人心所向。本课以"探寻新航路"为例展开教学,培养学生的世界史观。

一、课题及教学内容分析

(一)课标分析

2011年版初中历史课标规定"通过哥伦布发现美洲、麦哲伦环球航行,初步理解新航路开辟的世界影响"。2022年版初中历史课标规定"通过哥伦布、麦哲伦等航海家的探险活动,以及新航路开辟后的殖民扩张、物种交换与全球贸易,了解资本原始积累的野蛮性和残酷性,认识新航路开辟的世界影响,理解世界逐渐形成一个整体"。相较于旧课标,新课标一则目标更为具体,教学更具操作性;二则更加注重单元内各课程内容的联系,这就启示教师具备大单元的意识。

(二)教材分析

本课选自初中历史统编版九年级上册第15课。从全书来看,本课所属单元"走向近代",是世界近代史的开端部分,这一时期资本主义生产关系萌芽并得以发展,但资产阶级尚未取得政权,处于"除旧布新"的过渡阶段。从单元来看,本课是单元的第三课,资本主义经济发展和文艺复兴为新航路开辟奠定基础,新航路开辟又导致了疯狂的殖民扩张运动,单元内部各课以时间为顺序，环环相扣，层层递进。从课文来看，本课分为三个子目，分别讲述了新航路开辟的背景、哥伦布发现美洲、麦哲伦环游地球，但对新航路开辟的影响语焉不详，因此教师应当站在大单元的角度对之进行拓展。

二、学情分析

（一）知识结构

本课的授课对象是初三上学期学生。他们通过两年的中国史学习，已经基本建立起中国史的知识框架和论从史出的历史观念，但缺乏中外联系的意识。因此，可以通过出示一手史料、言语解释等方式继续培养学生史料实证素养，促使学生通过历史比较的方式沟通中外历史。

（二）思维能力

根据皮亚杰等人的认知发展阶段理论，初三学生基本处于具体运算到形式运算阶段的过渡期，抽象思维和逻辑思维能力还处于形成阶段。因而在教学中，教师既要讲授具体的历史知识，也要注意引导学生进行假设、讨论等。初三学生精力旺盛，表现欲强，但同时也容易对冗长的史料展示产生一定的倦怠感，需要用图像、视频资料来吸引注意力，并用问题激发他们的积极性和参与度。

（三）情感态度

初三学生正处于世界观、人生观、价值观的形成时期，他们对国家、民族、责任、理想等概念的理解比较模糊，容易受到小视频、电视剧等的影响，需要对之进行正确的思想引导，以确保学生健康成长。开展对新航路开辟影响的讨论，便于学生树立辩证思维。

三、教学目标

唯物史观：使学生了解探寻新航路的原因；了解哥伦布发现美洲、麦哲伦船队全球航行等基本史实；初步理解新航路开辟的世界意义。

史料实证：以启发和讨论探究手段为主，促使学生运用史料分析问题，多角度、多层次思考问题，充分调动学生思维的积极性。

时空观念：使学生通过学习新航路的开辟，了解世界由此开始形成一个整体这一现实，同时基于全球史观，培养学生的时空观念。

历史解释：使学生以史料或所学知识为依据，体会开辟新航路的原因及条件，并基于重要知识点进行理性分析和客观评判。促使学生识别迪亚士、达·伽马、哥伦布、麦哲伦开辟新航路的路线，并用自己的话说出新航路开辟的世界影响。

家国情怀：促使学生了解指南针技术传播对新航路开辟的作用，进而形成强烈的民族自豪感和对中华优秀传统文化自信。使学生从全球视野出发，对比同一时期中西方的航海内容，从对比史学中培养学生的全球史观。

四、教学重难点

（一）重点

新航路开辟的过程。

（二）难点

新航路开辟的原因和影响。

五、教学过程

关于本课，可分为四个子目：第一子目是通途变天堑，新路通全球——分析新航路开辟的原因和条件；第二子目是勇者不畏险，乘风破浪去——描述新航路开辟的经过；第三子目是世界观念成，市场雏形现——思考新航路开辟的影响；第四子目是风起东西洋，殊途不同归——对比学习1500年前后中西方的航海。

（一）环节一：创设情境，激趣导入

师：同学们，喜欢看动漫吗？有没有看过这部动漫？知道它的名字吗？

通过大家的反应我看许多同学都看过《海贼王》这部动漫。《海贼王》向我们展示了一段冒险之旅，无数海贼为了梦想和宝藏前赴后继地涌向大海。这是二次元中的大航海时代。在人类历史上，也有一个大航海时代，许多航海家扬帆起航，征服大海，探寻新的航路。今天就让我们走进那段历史，向海而生。

（二）环节二：互动教学，新知探究

过渡语：面对茫茫大海和众多未知的困难，到底是什么诱惑着他们去开辟新航路呢？让我们去一探究竟。

1. 主题一：通途变天堑，新路通全球——新航路开辟的原因和条件

师：为什么欧洲人要开辟新航路，之前的旧航路怎么样了？给大家3分钟的时间，以小组为单位，结合教材的70页以及大屏幕出示的五则材料，归纳新航路开辟的原因，之后请小组展示讨论成果。

材料1：15世纪末期的欧洲，社会分工不断扩大，资本主义萌芽出现，城镇迅速增多，商品经济日益发展，货币的需要量大大增加。因此，新生的资产阶级迫切希望开拓新的贸易市场，掠夺黄金。

——王斯德《世界通史》

材料2：东方是金瓦盖顶，金砖铺地，门窗都是黄金装饰，连河道都有滚动的矿石，东方简直是一个灿烂辉煌的黄金世界，冒险家的乐园。

——《马可·波罗行纪》

材料3：15世纪中期，奥斯曼土耳其帝国灭掉拜占庭帝国，控制了东西方贸易的所有重要商道，要求商人缴纳高额关税，使得从东方运往欧洲的商品价格更加昂贵。

——部编版《世界历史》

材料4：哥伦布到达新大陆后说："这里的一切都应置于其（基督教）统治之下……因为发扬光大基督教乃吾人此行之初衷和目的。"

——《哥伦布传》

材料5：欧洲地理学发展，中国的指南针传到欧洲，欧洲的造船技术也取

得突破，为欧洲人探寻新航路提供了支持。葡萄牙和西班牙濒临海洋，统治者积极支持海外探险活动，希望获得海外财富，以加强在欧洲的地位。

学生展示与自我评价（表5-1）。

表5-1　学生展示与自我评价

	自主思考（写出关键词）	教师点拨	自我评价
材料一		欧洲资本主义萌芽，开拓新市场（根本）	
材料二		东方寻金热潮	
材料三		奥斯曼控制传统商路	
材料四		传播基督教	
材料五		造船、航海技术的发展；王室的支持	

评价标准：史论结合，答案要点明确全面，态度端正为A；史论结合较好，答案要点较明确全面，态度端正为B；史论不够准确，答案要点不明确全面，态度不端正为C。

讲授时教师在图上指出桌上有地球仪、航海图、指南针（星盘）和与远航有关的图书等，反映当时已具备了远洋航行的技术条件。

之后用提问的方式带领学生一起说出新航路开辟具体的条件：

（1）天文地理知识增加（导入）。

（2）航海、造船技术进步。

（3）中国的"指南针"经阿拉伯传入西欧（回顾之前学习的知识，指南针是中国四大发明之一，正因有了指南针，西欧人海上航行的梦想才得以实现，反映了中国人的智慧和中国文化的博大精深、源远流长）（图5-1）。

星盘 　　　　罗盘针 　　　　多桅帆船

图5-1　海上航行条件

举例多桅帆船：图5-2所示是修复后的"圣玛丽亚号"，现停泊在西班牙的巴塞罗那港。"圣玛丽亚号"是哥伦布首次出航所乘船只中最大的一艘，长约35米，吨位为130吨。它是一艘典型的多桅帆船。从图5-2上可以看出，它一共有3根桅杆，而且都加装了横帆。由于体积不大，重量小，所以这类船速度快，便于逆风行驶。正是这类船的产生为寻找新航路创造了必要的条件。

图5-2　"圣玛丽亚号"

总结（板书上也有重点体现）。

（1）必要性

①经济根源：商品经济的发展和资本主义的萌芽。

②社会根源：欧洲社会掀起寻金热潮。

③直接原因：奥斯曼控制东西方传统的商路。

④宗教动力：传播天主教。

（2）可能性

①客观条件：社会生产力的发展——天文地理知识增加，航海、造船技术进步。

②主观条件——葡萄牙、西班牙王室的支持（旅行需要钱，必须获得国家的支持）。

（拓展：1500年以前，欧洲人普遍认为整个世界只有欧、亚、非三洲，地球是平的，但随着欧洲地理学的发展，人们逐渐相信地球是圆的，这让一批航海家认定无论是向东还是向西航行，最终都能到达亚洲返回欧洲，地圆学说的流行为开辟新航路准备了条件。星盘——观天文，识天气。）

设计意图：出示一手史料，培养学生论从史出的意识和史料实证素养。充分重视学生的主体性，让学生分析史料，自主探究，真切参与学习，表达自己由史料提取的观点，提高自己的语言表达能力。教师引导学生进行自我评价，对标学习目标。由学会知识转变为会学知识。

2. 主题二：勇者不畏险，乘风破浪去——了解新航路开辟的过程

师：关于新航路的探寻过程，我们来玩个游戏"航海大冒险"，这个游戏一共有四个角色，分别是迪亚士、达·伽马、哥伦布、麦哲伦（他们都是这一时期著名的航海家和冒险家）。我们全班分为四组，每个组负责一个角色，查阅相关资料，结合地图，描述所负责航海家的航行路线，说出他的故事，各小组派出一位代表上台展示成果。看一下哪一组能成为这个游戏的航海王。（学生结合动态地图展示成果）

各航海家航行记述如表5-2所示。

表5-2　各航海家航行记述

人物	时间	资助国家	航行方向	主要成就
迪亚士				
哥伦布				
达·伽马				
麦哲伦				

学生展示：展示表格内容，教师强调重点。

合作探究：结合表5-2，同桌合作在地图上画一画表5-2中四位航海家的航行路线。

要求：在地图上画出四位航海家的航行路线（合理简单）；航行路线上写上船队名称、航行时间。

教师总结：非常好，下面我们来总结探寻新航路的过程。一个中心（以欧洲为中心）、两个方向（向东和向西）、四个人物（迪亚士、达·伽马、麦哲伦、哥伦布）。强调麦哲伦船队第一次完成了环球航行（有人说他是第一个拥抱地球的人）。接着我们来做两个关于航海家的小活动，发散我们的思维。

（1）活动一：《我眼中的哥伦布》

师：关于哥伦布开辟到达美洲的新航路，有两种观点（展示观点），为什么他们的看法如此矛盾，你如何看待哥伦布发现美洲？我们会发现印第安人持全盘否定的观点；欧洲人充分肯定哥伦布的行为，他们都是站在各自的立场看问题，而评价历史事件应该本着全面、客观、公正的原则。大家能否遵循这个原则来描述一下你眼中的哥伦布。（请同学回答）下面我们来总结一下。

①给印第安人带来巨大灾难，加剧他们的贫困和落后。

②密切了世界之间的联系，使世界开始成为一个整体。

③客观上推动了资本主义的发展，其进步意义是主要的。

（2）活动二：《麦哲伦航行大事记》

大家通过研读表格内容，觉得航海家们会遇到哪些困难？他们身上体现了哪些精神？

师：人们总是渴望海的浩瀚与无垠，希冀着在大洋深处任意遨游的烂漫与自由。这些航海家取得了如此耀眼的成就，其背后的艰难辛酸是我们难以想象的，整日漂泊在浩瀚无垠的大海，到底是靠什么精神支撑着他们坚持下来的？

生：学生谈一谈自己的感悟。

师：这些精神在我们国人身上也有体现，你们所熟知的有哪些？

生：说一说熟知的身边所体现的这种精神的人。

师：比如神舟航天员，从东方红到满天星，面对浩瀚星空，他们勇往直前，逐梦苍穹，创造中华民族九天揽月的新神话；再如蛟龙潜水员，面对未知深蓝,他们奋勇前进,缔造了中华民族载人深潜的新纪录。

"我定要重返大海,去实践那奔涌的潮汐所呼唤的梦想,那不羁的召唤、不争的使命,无法违抗。"多年来,英格兰诗人约翰·梅斯菲尔德的《海恋》让多少有着海洋之志的人去执着地拥抱大海。即使前方迷茫,即使深蓝漆黑。

过渡:航海家历尽磨难探寻出新的航路,这些新航路的出现给世界带来什么样的变化?接着我们来学习第三子目。

3.主题三:世界观念出,市场雏形现——新航路开辟的影响

过渡语:开拓一条新道路意义非凡,同样新航路的开辟也影响深远。

合作探究:结合材料小组合作分析探寻新航路的影响,并将答案写在表格内。

材料1:欧洲大西洋沿岸的里斯本等成为重要的国际商业都市;殖民者利用掠夺的财富发展国内经济,促使殖民国家迅速成长为资本主义工业强国。

——刘景华《人类六千年》

材料2(图5-3):

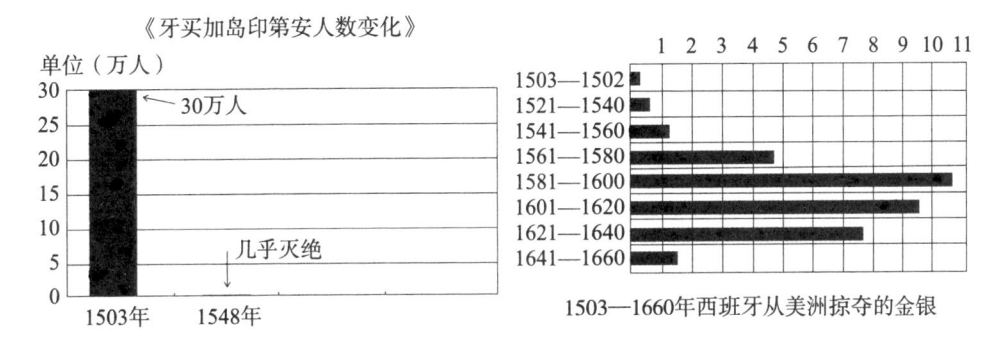

图5-3 牙买加岛印第安人数变化及西班牙掠夺的金银

师:关于新航路开辟的影响我给大家出示了两则材料,大家结合材料和课本概括新航路开辟的影响,一定要注意多角度入手,放宽你的视野(教师带领学生一起分析史料)。

教师总结:

(1)贸易中心的转移:地中海沿岸到大西洋沿岸;促进资本主义发展。

（2）欧洲与亚洲、非洲、美洲之间建立起了直接的商业联系，往来日益密切。世界市场的雏形开始形成。

（3）引发西欧的早期殖民扩张与掠夺，给亚、非、拉、美人民带来深重灾难，同时带来西方文明，促进了当地旧制度的瓦解。

新航路的开辟，使人类社会进入了一个新的时代。

可以说，15世纪是世界史上远洋探险取得重大突破的时代。这个时代的一个突出特点是，人们从欧亚大陆两端同时向海洋大进军，而且郑和下西洋还要早于哥伦布"下西洋"。但是大进军的结局却大不相同。为什么东西方呈现了完全不同的走向？

4. 主题四：风起东西洋，殊途不同归——中西方航海对比

我们首先来对比学习郑和下西洋和新航路的开辟（找两位同学完成表格）。
郑和下西洋和新航路开辟对比如表5-3所示。

表5-3 郑和下西洋和新航路开辟对比

		郑和下西洋（1405—1433）	新航路的开辟（15世纪末开始）
目的		1. 扬国威 2. 获得海外奇珍 3. 加强与海外诸国的联系等	1. 掠夺财富 2. 扩张领土，开拓市场 3. 传播基督教等
规模		规模大	规模小
性质		政治行为　朝贡贸易	经济行为　资本主义的海外殖民
影响	消极	国力不堪重负 远洋航海业衰落	造成亚、非、拉美的长期贫困落后
	积极	加强了中国与亚非国家的交流	开始连为一个整体，促进了资本主义的产生和发展

思考：①郑和下西洋与哥伦布等人探寻新航路的目的有何不同？

②为什么是西方开辟新航路，而中国却是郑和之后再无郑和？

教师总结：此时的中国已不可同日而语，为适应经济全球化和融入世界，

我们国家提出并实施了"一带一路"重大发展战略,为解决人类发展问题,习近平总书记提出了构建人类命运共同体的中国方案,不断为世界和平发声,为探寻世界新的发展作出了伟大的贡献。中国共产党不忘初心,为人民谋幸福、为民族谋复兴、为世界谋大同。未来可期,我希望在座的我们一起努力,从小事做起加入这项伟大的事业中,贡献自己的光和热。

六、课堂小结(反思升华)

历史告诉我们,中国的大航海时代并不比欧洲晚,航海造船技术也是欧洲不可比拟的。但随着禁海令的颁布,不但官方贸易戛然而止,民间海外贸易也被扼杀了,中国彻底错过了顺世界进步潮流而进的良机,彻底地放弃了海权。过去行巨浪泛沧溟的宝船也只能永远停泊在港湾,慢慢地腐烂。

与此同时,欧洲人抓住历史机遇。凭借着对财富的渴望,迅速跳出了地中海这片狭小的贸易空间,开始走上了全球扩张的道路。如果说,中国航海之风刮过世界南洋时,世界还是一个东方化的世界的话,那么随着新航路开辟,欧洲航海之风留下的则是一个西方化的世界。

近代历史早已证明:海权维系着一个国家的命脉,谁控制了海洋,谁就掌握了世界的命运。

七、板书设计

通途变天堑,新路通全球——新航路开辟的原因。
勇者不畏险,乘风破浪去——新航路开辟的过程。
世界观念出,市场雏形现——新航路开辟的影响。
风起东西洋,殊途不同归——中西方航海对比。

第六章　历史教学与价值观培养

英雄的史诗　永恒的信念——"中国工农红军长征"教学设计

新课程强调，学习历史知识的过程就是学生形成正确的价值观和人生观的过程，也是学生健康人格形成的过程。情感态度价值观的培养是历史教学的重要内容。红军长征能够给学生一种心灵上的震撼，能够让学生认识到今天的幸福生活来之不易，同时感受到在困难面前我们红军克服困难的勇气和决心，让学生逐渐拥有不怕困难、积极向上的心态，体会"新长征"精神。本课试以《中国历史》八年级上册第17课"中国工农红军长征"为例，探讨主题教学下如何推进深度学习。

一、教案背景及教材分析

本课是人民教育出版社教材《中国历史》八年级上册第五单元的最后一课。前面承接"毛泽东开辟井冈山道路"一课，后面开启第六单元的中华民族的抗日战争，是一篇承上启下的课文。本课介绍了红军由于第五次反"围剿"失败而进行战略转移的情况，主要包含了战略转移与遵义会议、过雪山草地、红军胜利会师陕甘三个主要子目的内容。

课标内容：讲述了中国工农红军长征的故事，体会红军的革命英雄主义精神，了解遵义会议，认识其在中国革命史上的地位。

二、学习目标

根据新课程标准对本部分知识的要求，体现素质教育，改善学习方式，拓展教材空间，制定以下学习目标。

唯物史观：结合革命根据地的发展及国民党的"围剿"，分析红军被迫实行战略转移的原因。

时空观念：学生观察中国工农红军长征路线示意图，从而说出长征的过程和遵义会议的内容及其伟大意义；结合阅读长征示意图，培养读图、填图的能力。

时空观念：了解红军五次反"围剿"的情况，识记遵义会议的内容和意义,并掌握红军长征的路线图,理解"长征精神"的内涵。

史料实证、家国情怀:学习史料中关于评价长征的内容,学生再结合所学知识,认识到红军长征是中国共产党历史上生死攸关的转折点,同时在体会长征艰苦历程中感受红军战士的革命英雄主义精神和团结协作的团队精神,并能够在新时代中体会运用"新长征"精神,为社会主义建设作出更多的贡献,同时感受老一辈无产阶级革命家伟大的人格魅力。

三、教学重难点

(一)教学重点

遵义会议和红军长征的路线。

(二)教学难点

长征精神的理解与拓展。

四、教学方法

(1)针对学生的情况及教学内容特点,本课拟依据完全从学生的现实需要和未来发展出发的设计理念,采用"自主探究式"教学法,教师通过创设情境、影片资料展示、讲解、设疑、激趣等起到组织者、引导者和合作者的作用。

(2)采用分组导学、学生自主合作探究的方式,让学生积极动脑、动口、动手,真正践行以学生为主体的方式。培养学生的分析能力和读图、识图、画图能力,使学生成为学习的主人,促使学生拥有终身学习历史的愿望。

五、教具准备

多媒体课件。

课件的设计体现了三维目标的要求,同时丰富的课件内容能够引起学生的注意，影片的联结适合初二学生的天性，也能够很好地调动学生的积极性。

六、教学时间

1课时。

七、教学设计

（一）环节一：创设情境，激趣导入

课前播放音频资料《十送红军》，并提问这首歌表现了我国历史中的什么事件。

（学生回答略）

师：对，长征！那长征是什么呢？它是一场征途漫漫又危在旦夕的大撤退，可是它却被赫然写进了影响人类历史进程的100件大事当中。这又是为什么呢？长征究竟是怎样一种历程，竟让世界如此为之震撼？今天就让我们带着这些疑问，一起走进第17课"中国工农红军长征"，共同拉开那一幕波澜壮阔的英雄史诗！一起来感知长征、感受长征、感悟长征。

设计意图：设置疑问，引起学生学习和探究的兴趣，用熟悉的人物等，导入新课，刺激学生的感官，激发其学习积极性。

（二）环节二：互动教学，新知探究

1.主题一：感知长征——前因后果明史实

（1）长征的开始

①红军长征的原因——红军第五次反"围剿"失败。

师：由于红军势力的增强和根据地的壮大引起了国民党的恐慌，蒋介石指挥军队连续对红军发动了五次"围剿"，下面我们来看这五次"围剿"的具体情况。

多媒体出示表6-1所示内容,指导学生分析。

表6-1 针对红军的五次"围剿"

	国民党军人数(人)	红军人数(人)	红军指挥者	战略战术	结果
第一次	10万	4万	毛泽东、朱德	制定和执行了符合根据地特点的战略战术,如避敌主力、敌进我退、敌退我打、打敌虚弱等	红军胜利
第二次	20万	4万			
第三次	30万	3万			
第四次	50万	7万	周恩来、朱德		
第五次	100万	30万	博古、李德	制定了违背根据地实际情况的"左"倾战略战术,如全面出击	红军失败

师:请同学们根据表格内容,思考并回答下列问题。

第五次反"围剿"的结果如何呢?为什么会出现这样的局面?

对比红军前四次反"围剿"的胜利与第五次反"围剿"的失败,你认为在战争中起决定作用的是什么?

教师引导学生自己得出基本结论:战争的胜败,不取决于力量是否悬殊,而取决于军事思想和战略战术是否正确。

师:哪个同学来总结一下红军长征的直接原因是什么呢?

生:由于第五次反"围剿"的失败,红军在中央根据地已无法立足,只有进行转移。

②长征开始。

多媒体展示长征路线图,并请同学看书P.74"中国工农红军长征路线图",了解长征初期的情况。

师:长征初期,红军的情况如何呢?

生:长征初期,敌人以重兵设下四道封锁线,坚持"左"倾错误思想的领导人指挥红军拼命突围,使红军付出了惨重代价,由8万人减到3万人。在这种情况下,坚持"左"倾错误思想的领导人还想去湘西,而敌人已经在红军去湘西的路上布置了新的防线,这时毛泽东提出放弃进军湘西,得到了大家的认可,于是红军强渡乌江,占领了遵义。

(2)遵义会议

师:多媒体展示遵义会议的会址和重要人物。

师:假如你是参加了第五次反"围剿"斗争和长征初期军事斗争的红军战士,请你谈谈自己对即将召开的会议寄予的希望。这次会议能否满足战士们的愿望呢?

(学生回答略)

师:长征初期,红军几乎全军覆灭,血的事实让红军将士对错误的军事路线的怀疑、不满以及要求改变组织领导的情绪达到了顶点。那么这次会议能否满足战士们的愿望呢?同学们看书,找出遵义会议的内容和意义。

设计意图:在自主学习的基础之上,通过小组展示检测学生自主学习成果。基于长征路线图设计学生活动,结合地理地形因素分析,增加学科融合感,给予学生形象直观的感受,构建时空观念。

2. 主题二:感受长征——艰苦卓绝谱史诗

(1)艰难的长征

以图片、视频直观的视听冲击创设情境,采用老红军口述历史的方式让学生深刻地体验到长征之艰难。设问思考:视频中有哪些细节深深地触动了你?你认为红军长征难在哪里?(为升华长征精神作好情感铺垫)

(2)英雄的长征

在如此艰苦卓绝的环境之下,红军战士们没有倒下,还创造出了不可思议的人间史诗:在长征途中,红军一共爬过40余座高山险峰,经过11个省,渡过近百条江河。红军与敌人的遭遇战多达600余次,几乎平均每天就有一次遭遇战。在这样的战争环境下,红军士兵平均年龄不到18岁,最小的战士只有9岁,他们出发时有8万余人,最后到陕北根据地时不足3万人,这意味着每前进300米就有一个红军战士牺牲。提问:长征是一曲人类挑战生命极限、求生存求发展、战胜一切艰难险阻的赞歌,哪些数字深深地震撼了你?为什么?(用震撼人心的数字触动学生的心灵,使他们感受红军身上的英雄主义精神)

引入多角度、多身份的材料以呈现对长征的评价,在史料实证中形成对历史正确、客观的认识,提高评判历史的能力。

长征中的这些数字是我们无法想象的，甚至在很多人眼中数字背后的事情是难以想象的，但其真实地发生了，红军战士们用鲜血谱写了壮丽的英雄史诗。我们不禁要问，是什么支撑着红军战士们坚持完成了长征？长征胜利的原因是什么？（引导学生总结出长征精神的内涵。引入老红军自述的视频，以口述历史的方式，回应学生们的回答，点出课魂"信念"，突出红军的英雄壮举）

（3）信念的长征

信念源自什么呢？一个疑问引发学生思考，呈现材料，教师讲解，让信念这个词不再浮于表面，而是深入学生内心。

通过对比分析遵义会议前后的红军状况和对遵义会议相关史料的解析，突出遵义会议的历史意义，帮助学生理解信念源自党正确的领导。

联系党发展历程中的重大事件和重要转变，请同学们说一说"中共从幼稚走向成熟"的论据，突出中国共产党逐渐发展成熟的史实，培养学生史料实证核心素养。同时，将红军长征的局部事件放到国家局势整体角度来看待，扩大学生视野，使他们全面了解长征历史与中国革命史的关系。通过时间轴的建立，构建学生时空观，培养学生的辩证思维，同时为后续历史教学作好铺垫。

3. 主题三：感悟长征——长征精神铸灵魂

师："长征精神"不是一个口号，而是一种克服困难的信心、勇气、毅力和智慧。在我们今天的现代化建设中，我希望同学们能够用"长征精神"激励自己努力学习，在遇到困难时想起红军长征。我们要大胆地对自己说："坚持，坚持，坚持就是胜利！"

师：同学们可以在课后请身边的老红军、长辈讲述有关长征的故事，或者上网收集相关内容，然后利用教育网公共服务平台把你们的心得写下来与老师、同学继续交流，好吗？

设计意图：将历史与现实结合，联系时代背景，分析长征精神现实指导意义，引导学生从个体出发，渗透家国情怀。

以学生活动为素材，挖掘学生身上的长征精神传承，渗透"长征精神就在我们身边，已然融在了我们的灵魂里，成为我们每个人的精神信念"的思想观念。

（三）环节三：巩固练习，小试身手

师生合作："少年富则国富，少年强则国强"，无论现在还是将来，无论我们面临什么困难、什么挑战，只要将长征精神不断地发扬下去，我们就有能力克服困难，勇于创新，敢于担当。愿我们每一个人都能心怀理想，坚定信念，不忘初心，砥砺前行。做最好的自己就是成就最好的国家。

设计意图：历史学科五大核心素养之一的"历史价值观"被改为"家国情怀"。家国情怀是历史学习在思想、观念、情感、态度等方面的重要体现，也符合思想品德课程的培育目标。使学生在阅读基础上进行总结，培养学生归纳总结问题的能力。通过讨论发言，培养学生的语言表达能力。培养学生学习的兴趣，增强学生爱国情感，使学生热爱和平，更加坚定维护统一信念。

第七章　历史教学与人生观培养

"革命先行者孙中山"教学设计

历史是对过去一段时间所发生事件的一种总结。在初中的历史教学中，老师不仅要引导学生掌握当前时代的发展现实和规律，还要关注学生人生观、价值观的培养，为学生成长树立正确的价值导向，为其成长增加积极的促进作用。中学生大多涉世未深，缺乏对新奇事物的正确判断，但是他们对事情有了自己独特的观点，因此为了不使其成长偏离正确的轨道，教师应指导学生从历史发展的经验中吸取教训，树立正确的价值观、人生观。本课以"革命先行者孙中山"为例展开教学。

一、教材分析

本课分为孙中山的早年革命活动、同盟会和三民主义两个部分。介绍了革命先行者孙中山为推翻清政府腐朽统治做了哪些努力。先后建起了兴中会和中国同盟会，并提出了三民主义，使民主革命深入人心。作为伟大的爱国主义者和民主革命的先驱，孙中山"适乎世界之潮流，合乎人群之需要"，为中国实现独立、民主和富强，付出了毕生精力，为中华民族伟大复兴作出了重要的历史性贡献。

二、教学目标

唯物史观：使学生了解和掌握孙中山创建兴中会等革命活动；了解资产阶级革命思想的传播；掌握孙中山如何创立中国同盟会、三民主义思想的提出等历史基础知识。

史料实证：通过指导识读图片、史料，培养学生观察、想象、归纳概括以获取有效历史信息的能力；通过组织小组活动，培养学生合作探究能力，逐步塑造学生的史料实证意识和史料分析能力。

时空观念：促使学生了解20世纪50年代中国外交的具体成就，思考这个时期中国外交成就斐然的原因和具体外交政策、外交对象确定的背景，进一步培养学生在特定的历史时空（情境）中，分析特定史实的能力。

家国情怀：引导学生了解孙中山的主要革命活动以及革命党人前赴后继、浴血奋斗的史实，使其树立刻苦学习、报效祖国的远大志向和与时俱进、追求真理、百折不挠的奋斗精神。

三、教学重难点

（一）教学重点

中国同盟会的成立；三民主义。

（二）教学难点

对三民主义的理解。

四、学情分析

本课教学的对象是八年级学生。八年级学生初步具备较强的分析问题的能力和方法，求知欲强，但是以形象思维为主，知识体系松散，因此教师在教学中应着眼于基本技能和方法的培养。

本课线索清晰但内容抽象，利用大量的图片和材料，可使学生更加直观地感受、认识和理解问题，让学生通过对材料、图片的阅读与分析，获取有价值的信息。

五、教学方法

情境教学法：创设情境，以形象的视觉效果和情感氛围引起学生的学习兴趣，激发他们主动参与课堂的热情。

分组合作法：按小组合理分工，培养学生协作精神，使其在学习过程中互相学习，增进友谊，同时也调动学生的积极性。

成果展示法：学生通过展示自己的成果，增强自信心，锻炼表达能力。

六、教学过程

（一）环节一：创设情境，激趣导入

师：同学们好！我们来看一个地方，很熟悉对吗？安阳的北大街！这条街曾经的名字为中山街，到现在依然有中山街这个公交站牌！那关于中山街，大家知道跟哪个历史人物有关吗？

（学生回答略）

师：有人说，"有多少城市，就有多少中山街、中山路"。下面我们通过一个短片感受一下。

（播放视频，教师讲述）

师：每个城市都有关于孙中山的记忆。他可以是一条路、一个公园、一座雕像、一种服饰，但对于国家和民族来说，他更是一种精神和遗产，他的存在，可使历史不会被忘却。

那么今天，我们就一起走进孙中山。通过缅怀一个人物，来追寻一段历史、提升一种能力、明确一份情感。为了更好地了解这个人物，我们通过四个阶段来追踪他的足迹：①求学经历；②职业生涯；③政治道路；④社会活动。

（二）环节二：互动教学，新知探究

1. 足迹一：求学经历——得风气之先

师：德国一位学者写了《孙中山》一书，他在书中这样介绍："他的家乡在沿海的地方，位于广州和澳门之间。所以年幼时他就与两个世界接触：一边是古老的中国农村文化，另一边是先进的欧洲文化。"所以，第一阶段求学过程中，孙中山可以说是得风气之先。

（教师讲述，和学生互动，激发学生进一步对少年孙中山的兴趣）

过渡：可以看出来，孙中山的学业生涯履历非常优秀，标准的优等生。那么，这样的履历会让他在接下来的求职生涯当中做出什么样的选择呢？我们来讨论一下。

（学生谈论，师生互动）

师：孙中山是如何选择的呢？我们来看第二个阶段——职业生涯。

2.足迹二：职业生涯——从救人到救国

师：1892年，从香港西医书院毕业时，孙中山年仅28岁。在接下来的两年里，他辗转于香港、澳门、广州一带，行医救人，成了一个乐善好施的大夫，有了自己的医馆，还是一个打广告的小能手。

师：我们思考一下，这是孙中山想要的生活吗？孙中山有过挣扎吗？有过怀疑吗？你们认为呢？

生：有，当时国家处于黑暗时期，他应该和鲁迅一样准备医国。

师：对，他是有挣扎的。他认为行医救人，数目有限，而成为一个政治家、革命家，救国民于水火才是价值所在。

师：最终，他的职业生涯还是发生了转折，标志性的事件发生在1894年的一天。

讲：他离开了日常生活的中国南部、广东一带，来到了哪里呢？

生：北京。

师：这次出行成为他职业生涯，也是人生的一次重要转折。他正式从救人转变为救国，那么孙中山此次来京到底有何目的，他的目的是否实现了呢？

（学生阅读谈论）

师生互动，合作探究活动。

材料1："人能尽其才，地能尽其利，物能尽其用，货能畅其流。此四事者，富强之大经，治国之大本也。……试观日本一国，与西人通商后于我，仿效西方亦后于我，其维新之政为日几何，而今日成效已大有可观……"

——孙中山《上李鸿章书》

材料2："革命为惟一法门。""我们必须倾覆满洲政府，建设民国。革命成功之日……废除专制，实行共和。"

——孙中山《在檀香山正埠荷梯厘街戏院的演说》

思考：材料1说明孙中山上书李鸿章的目的是什么？

生：希望清政府变法维新。

思考：材料2与材料1相比孙中山救国方法有何变化？

生：变化是"改良祖国"不能用"和平手段"，须"易以强迫"。

过渡：年轻气盛的孙中山，就这样被拒绝了。他的心情很糟糕，但是更糟糕的是，甲午战败，《马关条约》签订，这件事使孙中山认识到了清政府的腐败，也让他的思想又发生了变化。他最终放弃了温和的方式，他认为和平手段已经不能救中国，只能采用暴力手段，也就是走革命的道路。

3.足迹三：政治道路——从改良到革命

师：上书失败后，孙中山再次来到檀香山（图7-1），联合20多位有志青年，秘密成立了一个组织，是哪个组织呢？

图7-1　檀香山林屋

小组合作探究。

兴中会相关信息。

时间：1894年。

地点：檀香山。

口号：振兴中华。

号召：驱除鞑虏，恢复中国，创立合众政府。

师：振兴中华，这样一个穿越了一个多世纪的口号，至今仍然鼓舞着中华儿女。这是我们的第一个资产阶级团体。随后，孙中山筹备了他的第一次武装起义。是什么？

广州起义相关信息。

时间：1895年。

地点：广州。

人物：孙中山、陆皓东等。

结果：陆皓东被捕牺牲，起义失败。

师：这是一次精心策划的起义，但最终换来了清政府的一张重金悬赏通缉令。那么，这次失败有没有让孙中山气馁？有没有让孙中山失去同伴的信任呢？大家觉得呢？

生：没有。

师：是的，没有。事实上。非但没有，反而使他本人成了革命党人的旗帜和代表者。起义失败后，孙中山流亡海外，继续寻求各国华侨的支持，宣传自己的思想。他逃到了伦敦，在这里发生了一件危险的事，一段《伦敦被难记》的故事开始了（图7-2）。

（教师讲述）

图7-2 《伦敦被难记》

师：而此时的中国，又发生着什么呢？我们来看一下。1902年一本名叫《孙逸仙》的书，在国内悄悄地流传着。它的作者是孙中山的日本朋友，翻译此书的是章士钊。章士钊不仅翻译了《孙逸仙》，还不顾清政府的反对，陆续出版了另外一些宣传革命思想的文章，我想请大家阅读课本，告诉我是什么？

生：邹容的《革命军》、章炳麟的《驳康有为论革命书》、陈天华的《猛回头》和《警世钟》。

师：孙中山高度评价了邹容的《革命军》，称它是中国的人权宣言，这本书先后发行了20多个版本，销售量达到100多万册。

师：但是1903年，清政府与洋人合谋陷害抓捕了章炳麟和邹容这两位革命家，二人视死如归，从容不迫。1905年，邹容病死狱中，年仅20岁。

他们的事件在当时引起轰动，并在无形中为革命思想做了宣传。这两位年轻的革命家仿佛黑夜中呼唤黎明的两颗星辰,他们以不怕死的精神刺破了清政府这块铁板。

过渡:革命团体迅速建立,这也正是孙中山愿意看到的。而如何将这些分散的力量凝聚到一起,是他接下来要做的。

师:1905年,孙中山回到了日本。思想变革激烈的日本是孙中山策动革命的大本营。在这里,他召集了众多领导人物和革命志士,创建了一个更大的组织,它就是同盟会。

4. 足迹四:社会活动——从团体到政党

小组合作探究活动。

师:关于同盟会的内容,还是交给大家。下面我需要同学们相互合作,进行小组讨论。

同盟会相关信息。

时间:1905年。

地点:日本东京。

目的:为集中革命力量,建立统一的革命组织。

政治纲领:驱除鞑虏,恢复中华,创立民国,平均地权。

性质:第一个全国性、统一的资产阶级革命政党。

意义:有了统一领导和奋斗目标,推动全国革命运动的发展。

师:非常棒,那老师呢还有两个问题,我们来共同思考一下。有人说中国同盟会的成立,标志着中国的资产阶级民主革命进入了一个新阶段,主要体现在从此有了什么新的表现?

(学生回答略)

师:第二个问题在这个16字纲领中。鞑虏指的是什么呢?有人能给大家解释一下吗?

(学生回答略)

师:这是一个顺应时代潮流的口号。随后为了更好地宣传普及纲领,同盟会的机关报——《民报》,又对它做了另外一种解释,也就是三民主义。那么三民主义分别对应16字纲领当中的哪些内容,我们来一起探讨一下。

(师生互动完成)

师:为了更好地了解三民主义的内涵,老师还想请影视剧当中的孙中山为大家解读一下，我们来共同欣赏。

（播放视频《三民主义》）

师：三民主义的出现是孙中山先生构建共和梦的开始，要把中国建成实行三民主义的共和国。

这节课我们看到了一个什么样的孙中山呢？我们来共同回顾一下。

在求学经历中，我们看到了一个得风气之先、拥有先进理念的少年孙中山。

在职业生涯中，我们看到了一个从救人到救国踌躇满志的青年。

在政治道路上，我们看到了一个由改良到革命再到逃亡的革命志士孙中山。

最后在社会活动中，从团体到政党我们还看到了一大批众志成城追随先行者孙中山的有志青年。

（板书展示）

革命先行者孙中山

一、求学经历：得风气之先

二、职业生涯：从救人到救国

三、政治道路：从改良到革命

四、社会活动：从团体到政党

（三）环节三：巩固练习，小试身手

师：以上是我们这节课学到的关于孙中山的历史。关于这段历史，我们是否掌握了呢？我们检测一下，相信认真听课的学生都能答对！

试题展示如下。

1. 下列有关孙中山的说法中错误的是（　　　　）

　A. 是中国伟大的民主革命先行者

　B. 提出"振兴中华"的宗旨

　C. 创立了中国历史上第一个资产阶级革命团体

　D. 领导并成功发动了广州起义

2. 中国同盟会成立的地点是（　　　　）

　A. 檀香山　　　　B. 长沙

　C. 上海　　　　　D. 东京

3.孙中山资产阶级民主革命思想的核心是（　　）

A.民族主义　　　　B.民权主义

C.民生主义　　　　D.民享主义

4."振兴中华"是每一位爱国志士的不懈追求。最早喊出这个口号的是孙中山，为了振兴中国，他成立的中国第一个资产阶级革命团体是（　　）

A.强学会　　B.兴中会　　C.光复会　　D.同盟会

5.孙中山将同盟会纲领阐述为"民族、民权、民生"的三民主义。以下最能体现"民生主义"的一项是（　　）

A.驱除鞑虏　B.恢复中华　C.创立民国　D.平均地权

6."驱除鞑虏，恢复中华，创立民国，平均地权"，这是中国近代某一革命组织的革命纲领。下列关于该"革命组织"的说法，不正确的是（　　）

A.在孙中山领导下成立

B.其机关刊物是《民报》

C.推动了辛亥革命的爆发

D.在1905年成立于南京

7.三民主义中，民权主义的政治目标是（　　）

A.推翻封建制度，反对满族贵族对中国的专制统治

B.推翻君主专制政体，建立资产阶级民主共和国

C.推翻满族贵族的统治

D.推翻帝国主义的统治，建立"中华民国"

8.中国近代以来，"师夷长技以制夷""中体西用""兴办洋务""君主立宪"等思想的失败说明了（　　）

A.近代中国要谋求社会进步必须走革命的道路

B.提出这些思想的人都是志大才疏的人

C.近代中国不可能走向富强

D.中国必须进行辛亥革命

（四）环节四：拓展延伸，情感升华

（播放视频，教师讲述）

师：在每年的五一和国庆日，天安门广场，我们依然会迎来一个熟悉的身影，他就是孙中山先生，在熙熙攘攘的人群中，他深邃的目光注视着这个他深爱的国家，今天中国梦的建设正在进行，而我们努力前行的脚步不会停歇。在改革开放的新时代，老师希望我们每个人都能成为最好的自己，共建更强的国家。

第八章　历史教学与历史观培养

"甲午中日战争与瓜分中国狂潮"教学设计

在历史上，中国曾经长期处于被殖民被压迫的屈辱时期，教师应该鼓励学生将历史看作"当代史"，在总结辉煌过去的同时，看到那份屈辱。例如，在引导学生学习人教版初中历史八年级上册的内容过程中，教师应该注重培养学生自己的价值观，避免极端思想的形成，并促使学生结合现在中国与日本在政治、经济、文化上的关系辩证地看待问题，不能将仇恨全部扩散到日本人身上，而要指导学生在历史中吸取教训，进一步激发学生的爱国情绪，运用正确的历史观来对其人格和情感进行塑造，使学生能够在祖国的建设与发展中发光发热——通过努力学习与工作为国家的发展作出一份贡献，避免历史悲剧重演。那么，如何培养学生正确的历史观呢？本课以"甲午中日战争与瓜分中国狂潮"为例，加强学生历史观的培养。

一、教材分析

（一）课程标准

了解甲午中日战争中的主要战役，列举《马关条约》中的主要内容，说明《马关条约》与中华民族危机加剧的关系。

（二）本课地位

本课位于八年级历史上册第二单元，具有承上启下的重要地位。一方面，从时空观念与逻辑顺序上说，甲午中日战争上承洋务运动，下启维新变法。它是对洋务运动成果的检验：北洋水师全军覆没，海权陆权尽失，标志着洋务运动没有实现"自强"的目标；列强掀起瓜分狂潮，在华投资设厂，严重摧残了刚刚萌芽的中国资本主义，使洋务派多年"求富"的努力也付之一炬。所以说，甲午中日战争中国战败标志着洋务运动的失败，这次战败又使列强掀起了瓜分中国的狂潮，大大加深了中国的民族危机，引发了知识分子的强烈关注，他们奔走呼号，发起了一场以救亡图存为目的的维新变法运动，向西方学习的内容也由器物技术变为政治制度。另一方面，从中国沦为半殖民地半封建社会的过程来说，甲午中日战争是继两次鸦片战争之后，中国遭遇的空前耻辱，使中国半殖民地化的程度大大加深。综上所述，这一课将近代中国遭受的屈辱、进行的抗争与探索连接在了一起，学好这一课将有助于学生充分理解这三方面的内容。

（三）内容分析

本课共有三个子目，分别是甲午中日战争、《马关条约》的签订和瓜分中国狂潮。第一子目讲述了甲午中日战争爆发的背景、开始标志和主要战役；第二子目讲述了《马关条约》的内容与危害；第三子目讲述了三国干涉还辽、列强瓜分狂潮和美国的门户开放政策。三子目内容直接因果相连：签订《马关条约》是甲午中日战争的结果，列强瓜分中国狂潮又是《马关条约》带来的危害。

二、学情分析

根据皮亚杰的"认知发展理论"，八年级的学生处在形式运算阶段：一方面仍然以具象思维为主，乐于接受叙事性的描述、图片、视频等信息；另一方面具备了初步的抽象思维能力，能够从现实出发，做出逻辑推断和创造性的反应，能够进行一定程度的逻辑演绎。在表现欲方面，这个学段的学生思维比较活跃，愿意与同伴交流，好奇心强，勇于表达自己的想法。

立足本课的课程标准，结合本课地位与内容的分析，针对八年级学生的学情及课前对本课学情的调查问卷，确定了以下教学目标，并着重突出了教学的重点与难点。

三、教学目标

唯物史观：通过引导学生分析、概括战争的过程、影响，培养学生正确的历史观。

史料实证：以启发和讨论探究为主，运用史料分析问题，从中日两国出发，多角度、多层次地思考问题，充分调动学生思维的灵活性。

时空观念：通过甲午中日战争形势示意图、甲午中日战争经过表格和甲午中日战争经过时间线让学生了解甲午中日战争的大致过程，形成空间和时间概念。

历史解释：以史料或所学知识为依据，能够对中日甲午战争、《马关条约》等重要知识点进行理性分析和客观评判。

家国情怀：学习英雄人物的爱国主义精神和不屈不挠的斗志；通过对日本暴行的了解，做到勿忘国耻、牢记使命、振兴中华。

四、教学重难点

重点：甲午中日战争和《马关条约》的内容是本课的重点。

难点：列强瓜分中国狂潮，美国"门户开放政策"的实质。

突破重点的方法：通过小组合作，结合教材及图片、文字史料掌握甲午中日战争的五次战役基本概况；通过比较《南京条约》《北京条约》和《马关条约》理解内容和危害。

突破难点的方法：给出"蝴蝶效应"这一理论，引导学生找出《马关条约》引发的各方反应："三国干涉还辽"与"列强瓜分中国狂潮"是传统列强（法、德、俄）的反应；"门户开放政策"属于新兴列强的反应。同时，补充史料，指出中国各阶层（资产阶级维新派、资产阶级革命派、农民阶级）的反应。这样可使学生充分理解《马关条约》在近代历史上引发的"蝴蝶效应"，理解历史事件内在的逻辑关系，深刻感受《马关条约》的危害。

五、教学方法

历史学科是所有人文学科的基础，它最大的特点是强调论从史出。为了突出"唯物史观""史料实证"和"家国情怀"这三大核心素养，本课主要采用"史料教学法"，同时为了突出教师与学生在课堂中"双主体"的地位，本课采用教师提问与学生分组讨论相结合的方式。维果茨基的"建构主义"理论指出："学习者是在一定的情境下，借助他人的帮助，通过人际协作活动实现意义建构的。"所以在学习方法的选择上，要突出"情境""协作""会话"这三个方面，创设情境，引导学生运用自主阅读法、小组讨论法、史料分析法等学习方法，参与本节课的学习，构建本课的知识体系。

六、教学资源

教材和教师教学用书、多媒体课件、网站资料、专业书籍。

分析：根据八年级学生的认知特点，制作多媒体课件。通过播放视频、展示图片等方式，不仅能调动学生学习的积极性，还可以培养学生的识图能力；通过精选文献资料并设置问题，引导学生自主探究，可以培养学生史料阅读与解析能力。

七、教学过程

（一）导入部分

首先，播放《盛衰易势——甲午战争始末》，用视频导入本课。

师：同学们知道这场战争是什么战争吗？这场战争是怎样爆发的，进程如何，对中国产生了怎样的影响？今天就让我们共同学习本课知识。

其次，向学生展示晚清第一重臣——李鸿章的照片，并以"一个人和一个帝国"为标题，介绍李鸿章的一生与大清国的紧密联系。

师：讲晚清的历史一定绕不开晚清第一重臣李鸿章，下面请一位同学阅读《一个人和一个帝国》。本节课我们就以李鸿章为线索来讲述这场战争。

设计意图：通过播放视频导入本课，是为了激发学生对历史的学习兴趣，使学生产生求知的欲望。引出李鸿章这个人后使学生通过一段文字了解其在晚清所起的重要作用，然后过渡到本课。本课就以李鸿章为线索，运用"以人叙事"的方法进行讲解，目的是培养学生整体历史观，通过李鸿章来讲述本课也是为了让学生对李鸿章这个人有更全面的认识，能够对他作出更客观的评价。

（二）授课环节

1. 甲午中日战争

（1）背景：战争前期，反对战争

展示两次鸦片战争图片。

师：我们之前已经学习了两次鸦片战争，清王朝已经从不可一世的天朝上国沦为了任人宰割的对象。而此时的日本呢？

日本方面。

展示一幅漫画《日本变身》。

师：通过这幅漫画，同学们看出了什么？

（学生回答略）

师：曾经的日本和中国一样，都受到西方列强的侵略，但是后来日本通过明治维新，走上了资本主义发展的道路，并同西方列强一样走上了对外侵略扩张的道路。

展示一张世界地图，简单介绍日本大陆政策。

师：为此日本还制定了一个以侵略中国为核心的大陆政策。先占中国台湾，再占朝鲜，然后占满蒙，接着占领全中国，最后称霸亚洲乃至全世界。通过这个政策同学们不难看出日本的野心，同时这也说明日本对中国发动战争是必然的，是蓄谋已久的，只差一个时机和借口。

朝鲜方面。

展示东学党起义图片。

师：时间来到1894年，此时朝鲜爆发了东学党起义，朝鲜政府被迫向宗主国清朝求援，而日本却以此为契机，派军进入朝鲜。起义平息后，日本继续增兵朝鲜，趁机制造事端，蓄意挑起战争。

师：面对挑衅，清政府官员有何表态呢？（学生阅读材料）

中国方面。展示三段材料，分别是李鸿章、主战派和慈禧对此事件的态度。

材料1：李鸿章的态度：深知北洋水师的情况，即北洋海军自1888年正式建军后，就再没有增添任何舰只，舰龄老化，行动迟缓，火力差。为保存实力，保持他的政治地位，力主"避战求和"，不肯轻于一战，乞求各国"调停"。

材料2：战争初期，许多清朝官员以为中国必胜，纷纷要求李鸿章火速出兵，先发制人。他们仍视日本为"蕞尔岛夷"，认为日本不自量力，如果与中国交锋，必败无疑。

——《历史上重大改革回眸》

材料3：慈禧的态度：既害怕日本的武力威胁，又怕六十大寿过得不开心，故力保"和局"，支持李鸿章，希望"调停"成功。

师：可见，李鸿章反对战争，乞求各国调停，希望和平解决事端。最终，慈禧太后则是支持李鸿章的主张。

展示表现列强对此事件各自态度的图片，师生共同看图片。

师：此时的列强都希望通过这场战争来窥测大清帝国的真正实力，因此在调停上他们并没有尽心尽力，如美国希望日本成为其侵略中国和朝鲜的助手，英国则是利用日本牵制俄国在远东的发展势力等。总之，列强支持日本对中国发动这场战争。

最后，总结甲午战争爆发的背景。（教师展示幻灯片）

师：以下就是战争爆发的几点背景，其中哪一个是根本原因，哪一个是导火线呢？

设计意图：教师通过材料使学生了解战争前夕每个国家所处的环境以及他们的态度，使学生对战争发生的背景理解得更加透彻。

（2）经过：战争期间，指挥战争

师：战争最终还是爆发了，清政府没有派主战派官员指挥战争，却派主张避战求和的李鸿章指挥战争。可见，李鸿章在清政府中的重要性。

这一部分教师主要通过地图对战争的过程进行简单介绍。

教师设问：请同学阅读教材，哪场战役的爆发标志着这场战争的开始？

自主学习：学生阅读教材，回答问题。（丰岛海战）

①丰岛海战（展示地图）

师：中日不宣而战，日军以绝对优势兵力取得了第一战的胜利。接下来还有哪些重要的战役呢？（学生阅读教材并结合甲午战争示意图，按时间先后顺序说出几次战役的名称以及涌现出的英雄人物）

②平壤战役（展示地图、英雄人物左宝贵图片）

师：在这场战役中李鸿章认为，先定守局，再图进取。最终，平壤还是陷落。

③黄海大战（展示地图、英雄人物邓世昌图片和黄海海战视频）

师：中日两国的王牌之军，北洋舰队和日本联合舰队狭路相逢，双方展开激战。我们来看一段关于这场战役的视频，并且请同学们思考在这场战役中邓世昌的举动体现了怎样的民族精神？

向学生展示黄海海战后李鸿章观点相关材料。

黄海海战后，李鸿章认为北洋舰队"快船快炮太少，仅足守口，实难从令海战"，更不愿"以北洋一隅之力，搏倭人全国之师"，因而命令北洋海军聚泊于威海卫军港，实行所谓"保船制敌"的消极防御方针。

师：通过材料可知李鸿章为了保存实力，采取"保船制敌"的方针，命令舰队躲进了威海卫军港，不许迎敌。最终，日本掌握了黄海的制海权。接下来是哪场战役呢？

④辽东半岛战役（展示地图、英雄人物图片和旅顺大屠杀史料）

师：日军控制黄海后，从辽东半岛登陆。徐邦道战败，大连守将不战而逃。日军在旅顺进行了一场惨绝人寰的大屠杀，中国无辜群众两万余人被杀害，条条街巷血流成河。

史料：当时日本将卒之行为，实逸出常度之外……彼等除战胜之初日，从其翌日起，残杀四日，非战斗者之妇女幼童亦不免。从军欧洲军人及特约通信员目击此残虐之状况，然亦无法制止。此时得免戮杀之华人，全市中仅三十六人耳！然此三十六名华人，为供埋葬其同胞之死尸而被救残留者。

——英国胡兰德博士《关于中日战争的国际公法》

师：同学们主要看红色标注的部分，日军在旅顺连续残杀了四日，妇女幼童无一幸免，全城仅剩36个掩埋尸体的中国人侥幸存活。

师：同学们通过这些图片和文字可得到怎样的感悟呢？（它暴露出日本的残暴并且告诉我们落后就要挨打，要不忘国耻，时刻树立忧患意识）接下来是威海卫战役。

⑤威海卫战役（展示地图、英雄人物丁汝昌图片）

师：日军对北洋舰队的所在地威海卫发动进攻，李鸿章下令不准出战，海军提督丁汝昌自杀殉国，李鸿章辛苦建立起来的北洋舰队全军覆没，洋务运动也随之破产。

设计意图：因为战争的过程不是本课的重点，记住五场战役的名字及英雄人物即可，所以这一部分主要通过展示地图的方式，使学生更形象、更直观地简单了解一下过程,并在了解的过程中,让学生感受将士们不屈不挠的抗争精神。

学生阅读:进行了30年的自强运动,中国却在海、陆两方面都以失败告终,使李鸿章面临严厉的批评和指责。他辩解说,单靠他的北洋舰队和淮军来对抗日本全国的力量,自然无法取胜。尽管如此,李鸿章还是遭到解职、贬谪,还被剥去了象征皇帝恩宠的黄马褂。

合作探究。

材料1(表8-1):

表8-1 中日海军力量对比

项目	中国	日本
世界海军排名(吨)	第8位(亚洲第一)	第11位
排水量	主力舰"定远"号、"镇远"号各7300吨	最大战舰不过4000吨
配置	"定远""镇远"配12寸(约39.96厘米)口径炮,无快炮	配8寸(约26.64厘米)口径炮,但装上快炮
速度	最快每小时14海里	最快每小时9~23海里
炮弹	数量少,品质差	数量充裕

材料2:叶志超急忙挂起了白旗,向敌军请求停战。当晚全部军队纷纷撤退,平壤被敌军占领……方伯谦不顾和日军苦战的"致远""经远"两舰,像条丧家犬一样窜逃 ……和方伯谦一样贪生怕死的"广甲"也逃出阵外。

——梁启超《李鸿章传》

材料3:李鸿章的外交不仅没有取得任何积极成效,而且延误了军事准备工作。直到外交解决的希望全告破灭时,他才同意袁世凯的紧急请求,派兵增援。

——徐中约《中国近代史》

材料4:慈禧太后挪用海军军费建筑颐和园和宠信太监,世风普遍败坏。

战前英国顾问曾建议中国购买两艘快舰,但由于资金缺乏,清廷也未予以重视。相反,日方购买了这两艘船,其中一艘"吉野"号在海战中战功卓著。

——徐中约《中国近代史》

材料5:明治天皇发布诏敕:"国防一事,苟患一日,或将遗百年之悔。"因此他命"朕兹省内廷之费,6年期间每年拨下30万日元,并命文武官僚,除特殊情况外,在同一期间,纳其薪俸1/10,以资补足造新式军舰之费"。

——林怀秋等《明治天皇》

材料6:日本加紧进行以中国为作战目标的扩军备战活动,"以五年为期作准备,抓住时机,准备进攻"。

——《征讨清国策》

问题:李鸿章任北洋大臣,练兵整军20年,为什么连一仗也打不了呢?在甲午中日战争中,中国的失败可以归咎为李鸿章一个人的错吗?

师:首先请同学提取材料中的有效信息,然后概括中国战败的原因。

答案:不是,中国战败的原因为以下所述。

内因:①中国军队装备落后,军备不足。②部分官兵贪生怕死、临阵脱逃。③李鸿章"避战自保"、妥协退让,贻误战机(主要原因)。④清政府腐败落后(根本原因)。

师:在这些原因中,哪个是中国战败的根本原因,哪个是主要原因?

外因:日本制度先进、全国上下积极备战且蓄谋已久。

结论:当时的中国已沦为半殖民地半封建社会,难以抵挡资本主义列强的进攻。

设计意图:师生间的合作探究和教师的引导,促使学生对战争失败的原因进行更深刻的理解,培养学生阅读史料、收集有效信息、归纳概括、论从史出的能力。

(3)结果:战争结束,谈判大臣

师:面对日军的节节进逼,清政府加紧求和,并任命李鸿章为头等全权大臣赴日谈判。日方代表则是首相伊藤博文,双方在日本马关春帆楼商定合约。(展示人物和谈判场景图片)我们来看谈判期间的一段材料(请同学阅读)。

在谈判中，日本拿出预先拟定的条款摆在李鸿章面前，只准李鸿章说"允"或者"不允"。日本限定在一个月内办理割让台湾手续，李鸿章请求宽限时日，说："台湾已是贵国口中之物，何必着急。"伊藤博文回答："还没有咽下去，饿得厉害！"

师：经过多个回合无比"哀求式"谈判，最终，李鸿章代表清政府正式签订了丧权辱国的《马关条约》，下面我们来看条约内容及影响（表8-2）。

表8-2 《马关条约》内容及影响

内　容	影　响
清政府割辽东半岛、台湾全岛及所有附属各岛屿、澎湖列岛给日本	不仅破坏了中国的领土完整，还刺激了列强瓜分中国的野心，加深了中华民族危机
赔偿日本军费白银2亿两	大大加重了中国人民的负担。列强通过贷款不仅控制了中国经济，而且影响了中国的政治
开放沙市、重庆、苏州、杭州为商埠	使帝国主义侵略深入内地
允许日本在通商口岸开设工厂	便利了帝国主义对中国的资本输出，严重阻碍了中国民族工业的发展

具体讲述如下。

第一条：割三地。同学们一起回忆之前学习的内容，即《南京条约》割了香港岛给英国，《北京条约》割了九龙司地方一区给英国，这次中国又丧失了大片领土，思考对中国造成了怎样的影响。

第二条：赔款。赔款数额巨大，对中国造成了怎样的影响呢？

中国赔款的2.3亿两（含3000万两"赎辽费"）白银，相当于中国当时全国财政收入3年的总和，把当时中国的国家财富几乎都掏干了。

第三条：开埠，展示地图。第一次鸦片战争开通了广州、厦门、福州、宁波、上海五处通商口岸。第二次鸦片战争则增开了汉口、南京等十处通商口岸。可见帝国主义的经济侵略由沿海逐步向内地，范围不断扩展。新的通商口岸的开放，对中国的影响则是使帝国主义侵略深入内地。

第四条：设厂。学习这一条款后，学生可理解从此列强的侵略方式从原来的商品输出变为资本输出。

师：列强的侵略方式从原来的商品输出变为资本输出，对中国的影响是什么？

（4）影响：大大加深了中国半殖民地化程度

设计意图：教师通过逐条分析条约内容的影响，使学生体会到《马关条约》的签订对中国所产生的巨大影响，培养学生论从史出的能力。

多角度探究战争影响。

师：通过学习甲午中日战争以及《马关条约》的内容，同学们知道它们对中日两国和西方列强各自产生了怎样的影响吗？

①对中国的影响。

师：通过刚刚对条约的分析我们知道对中国的影响是侵略势力进一步深入中国腹地，大大加深了中国半殖民地化程度。

②对日本的影响，出示一段材料。

战后，日本的经济从1896年到1897年，开始进一步起飞。日本的国家财力得到大幅度提升。从此，中日两国的国运就在这个甲午战争之后，迅速地拉开了距离。

师：日本获得巨额战争赔款，因此资本主义经济迅速发展起来，很快挤进帝国主义强国的行列。

对其他帝国主义国家的影响，出示吴玉章的一段话。

吴玉章说："以前我们还只是被西方大国打败，现在竟被东方小国打败，败得那么惨，条约又订得那么惨，这是多么大的耻辱啊！"

——《吴玉章回忆录》

师：其他帝国主义列强通过这场战争看到了清政府的腐朽与孱弱，因此增强了瓜分中国的野心；帝国主义列强在远东的争夺更加激烈。此后，列强便掀起了一片瓜分中国的狂潮。

设计意图：设计这个思考题是为了突出本课的重点，深化主题，使学生对本课的理解更深入、更透彻，并且通过这个思考题自然地过渡到下一个要讲的问题。

2.瓜分中国狂潮

（1）强租海港和划分"势力范围"

师：《马关条约》一签字，俄、德、法三国就联合起来强迫日本退还辽东半岛，因为侵害了俄国在辽东半岛的权利，三国干涉还辽也标志着瓜分局势的开始。

师：19世纪末，中华民族危机加深，下面，我们来看一张时局图及表格。（展示图片并指出每个动物代表什么，在中国的势力范围是哪里）

师：此时的美国因忙于和西班牙争夺殖民地而姗姗来迟。1899年，美国提出"门户开放"政策。

（2）"门户开放"政策

关于政策的内容，学生看书自主学习。

师：美国提出的"门户开放"政策并没有影响到列强的利益，所以也没有遭到列强的公然反对。因此，政策的实质其实就是列强争夺在华利益的妥协方案，反映了列强在政治上共管中国的野心。从此，美国在中国的势力开始一天天扩大。

设计意图：这一部分是战后的拓展与延伸，通过师生互动，利用史料、图片、漫画、表格等形式，使学生对这部分内容有更深刻的了解，掌握历史发展的线索。

师：今天我们以李鸿章为线索讲授了本课的全部内容，结合上节课我们学习的洋务运动，我们应该怎样评价李鸿章呢？

材料1：他建海军，造炮舰，开矿山，通火车，派遣留学生，签和约。晚清帝国的每一缕新鲜空气都与李鸿章这个名字紧紧相连，中国近代历史上最为悲伤、沉痛、屈辱的记忆也都与李鸿章相连。

材料2：

评价李鸿章：

孙中山："中堂自佐治以来，无利不兴，无弊不革，艰巨险阻，犹所不辞。"

毛泽东：水浅而舟大也。

左宗棠："对清朝而言，十个法国将军，也比不上一个李鸿章坏事。""李鸿章误尽苍生，将落个千古骂名。"

材料3：外国人眼中的李鸿章。

日本首相伊藤博文的评价："李鸿章知西来大势，识外国文明，想效法自强，有卓越的眼光和敏捷的手腕。"

之后，教师教给学生评价历史人物的原则和方法。

原则：实事求是，论从史出；一分为二，辩证分析。

方法：把历史人物放在特定的时代背景中去分析，看历史人物是否有利于生产的发展和社会进步，是否顺应历史发展潮流。

然后，学生谈他们对李鸿章的认识。

接着教师给出一个参考答案：

李鸿章是一个特定时代的人物，是中国近代化的开拓者之一；他是镇压太平天国运动的刽子手；他对中法战争和甲午中日战争的失败要负直接的责任；他是许多卖国条约的签订者。但他只是腐朽清王朝的一个缩影，历史的责任应由整个清王朝来承担，而不能简单地归到李鸿章一个人身上。

最后，以梁启超对李鸿章的评价作为结尾，即"吾敬李鸿章之才，吾惜李鸿章之识，吾悲李鸿章之遇"。

师：梁启超对李鸿章的评价还是比较中肯的，可以说李鸿章的结局其实就是一个时代的结局。

设计意图：给出一些名人对李鸿章的评价，并教给学生评价历史人物的方法，使学生对李鸿章拥有更全面的认识和客观的评价。李鸿章处于中国内忧外患时期，他身处高位，有些决定只顾一己私利，不顾国家利益与安危，但有些决定他也是无可奈何。他认为自己不过是个"裱糊匠"，将破屋（清王朝）装饰一下尚可，真遇到大风雨，岂是一个"裱糊匠"所能补贴支撑起来的呢？李鸿章是多面的，我们应该客观地去评价他。

教训和启示。

提问：从甲午战争的失败中得到什么教训？对今天有什么借鉴意义？

观看视频：习近平总书记称甲午战争是刻心之痛。（学生根据视频回答问题）

答案：教训——落后就要挨打；启示——走科技强国之路，推进军事现代化。

设计意图：通过学习甲午中日战争中国的战败，以史为鉴，从失败中吸取经验教训，并联系当今播放习近平总书记的一段讲话，他强调要实现中华民族伟大复兴的目标，就要坚定不移地走科技强国之路，以此升华本课内容。

教师总结：中国近代史是一部屈辱的历史，作为新时代的中学生我们要用我们的热情、我们激昂的声音向世人宣告：勿忘国耻、振兴中华。

毛泽东曾多次表示："一百多年来，帝国主义侵略我们，大都是从海上来的。""有海就要有海军，过去我国有海无防，受人欺负，为了反对帝国主义的侵略，我们一定要建立强大的海军。"中华人民共和国成立后，中国人民海军经过75年的建设发展，已经越来越强大，新型武器层出不穷（同时展示最新的海军装备成就）。这是我国的第一艘航母"辽宁"舰（2012年），我国首艘万吨级驱逐舰"南昌"舰也在2017年下水，还有舰载战斗机、095型攻击核潜艇等。最后，亚丁湾护航舰队劈波斩浪，保卫我国人民的生命财产安全。可以说，今天我们伟大的祖国终于在海上为我们筑起了一道坚实的钢铁长城。

八、教学反思

一节好的历史课首先要让学生爱听，用学生喜欢的方式去教学，且不仅传授知识、培养能力，还培养综合素养。

中国近代史既是中国被帝国主义各国侵略、宰割的屈辱史，也是中国人民为保家卫国努力抗争，前仆后继，抛头颅、洒热血的光荣史，为了让学生们更加认真地学习，从中受到深刻的教育，震撼他们的心灵，在课前要进行大量的准备工作。甲午中日战争的整个过程是比较复杂的，内容、线索较多，在讲授过程中教师要尽量化繁为简，并且客观地把战争的整个过程交代清楚。教师可引导学生通过对本课以及上节课洋务运动内容的学习，通过观看视频、图片和史料等方式，对本课有更深刻感悟，并且指导学生进行反思，以史为鉴，面向未来，形成正确的历史观。总而言之，历史观的培养在促进学生综合发展方面发挥着重要的作用。历史是人类发展中宝贵的经验教训,对于一个国家和民族的生存发展具有至关重要的借鉴意义。作为生活在现代社会的人,尤其是一个正在成长、发展的初中生,对于历史的学习,最具有现实性的意义是从历史中汲取人生的智慧。教师应该正确认识历史观的重要性,通过丰富教学内容、改善教学方式,加强对学生历史观的培养。

第九章　历史教学与时空观培养

"洋务运动"教学设计

时空观作为历史学科核心素养的重要组成部分已经成为一线教学的指导思想，那么准确地把握和理解时空观的内涵并将之合理地运用在教学中，才能真正实现新课标的要求——使学习者"对史实有准确的理解"。

1840年通常都被视为中国近代史的开端，这是因为发生在这一时期的鸦片战争（1840—1842年）给中国带来了巨大的屈辱和深重的灾难。战后的一批不平等条约使中国的大门被迫打开，此后外患接踵而至，国家主权和领土完整不断遭到破坏，中国由一个独立自主的封建国家开始沦为半殖民地半封建国家，呈现出与之前社会截然不同的变化。在经济领域，中国经济结构出现重大变化是在19世纪60年代。第二次鸦片战争后，面对内忧外患，洋务派开始学习西方，在"自强"旗号下，洋务派引进西方先进生产技术，用机器生产取代手工劳动，创办了一批军事工业，这是中国第一批近代企业，此后出现了仿效洋务派的民间工厂。在教育领域，侧重培养各类技术人才的近代教育也出现在19世纪六七十年代，洋务派为了培养对外交涉的翻译人员创办了京师同文馆，此后还创办了福州船政等一批新式学堂，培养军事和科技人才，同时又选派留学生出国深造，这一切均开近代教育的先河。

一、教案背景及教材分析

本篇课文在统编八年级上册第二单元——近代化的早期探索与民族危机的加剧中，上承接第一单元——中国开始沦为半殖民地半封建社会，下启资产阶级民主革命相关内容。

教材内容将本课分为三个子目，分别是洋务运动的兴起、创办近代军事和民用企业、建立新式海陆军。结合课标重难点和学生实际，教师对内容进行整合，调整为洋务思想萌芽、洋务思想实践、洋务实践结果和洋务实践反思四个部分。通过这一课的学习，学生可深刻理解近代中国地主阶级洋务派在面对危机时的应对策略和存在的问题，产生居安思危，为国家发展谋未来的志向。

二、学习目标

（1）总体目标：了解洋务运动的主要内容；认识洋务运动的作用和局限性。

（2）通过时间轴、地图和文字史料、图片材料等教学资源，学生可自主理解整理洋务运动的发生背景、开展洋务运动的目的以及洋务派的代表人物等关键信息，并在这一过程中培养分析材料并提取关键信息、思考问题和分析历史事件的能力，培养时空观念和历史解释素养。

（3）通过地图、文字史料、图片等教学资源，学生可利用问题探究方式对比分析理解史料，探究洋务运动在实现军事、经济、教育和交通近代化过程中的措施，理解洋务运动对近代化的贡献等，在此过程中提升史料实证和历史解释素养。

（4）通过图片、文字材料等教学资源，学生可对比分析思考洋务运动失败的原因，进而理解洋务派在践行救国道路中的局限性，感悟当时的中国危机之深重，并在此过程中培养历史解释和家国情怀素养。

三、教学重难点

（一）教学重点

掌握洋务运动的概况，包括洋务运动的代表人物、主要内容、口号等。

（二）教学难点

能够对洋务运动进行正确的评价。

四、教学方法

（1）针对学生的情况及本课的特点，采用"自主探究式"教学法，教师通过创设情境、影片资料展示、讲解、设疑、激趣，真正起到组织者、引导者和合作者的作用。

（2）采用分组导学、学生自主合作探究的方式，使学生成为学习的主人，促使学生养成终身学习历史的习惯。

五、教具准备

多媒体课件。

课件的设计体现了三维目标的要求，同时丰富的课件内容能够引起学生的注意。影片的联结适合初二学生的天性，也能够很好地调动学生的积极性。

六、教学时间

1课时。

七、教学设计

（一）环节一：创设情境，激趣导入

（1）展示李鸿章像，通过三个当权者对他的评价引入新课。

"再造玄黄之人。"——慈禧

"大清帝国中唯一有能耐可和世界列强一争长短之人。"——日本首相伊藤博文

"东方俾斯麦。"——德国海军大臣柯纳德

（2）引导学生思考问题：为何当时的李鸿章会获得国内外当权者如此高的评价？

设计意图：设置疑问，引起学生学习和探究的兴趣，用熟悉的人物等导入新课，能刺激学生的感官，激发其学习的积极性。

（二）环节二：互动教学，新知探究

1. 洋务思想萌芽

（1）本模块导入：通过时间轴梳理李鸿章20世纪之前的主要事迹，引导学生了解李鸿章的人生环境，为理解其洋务思想萌芽作铺垫（图9-1）。

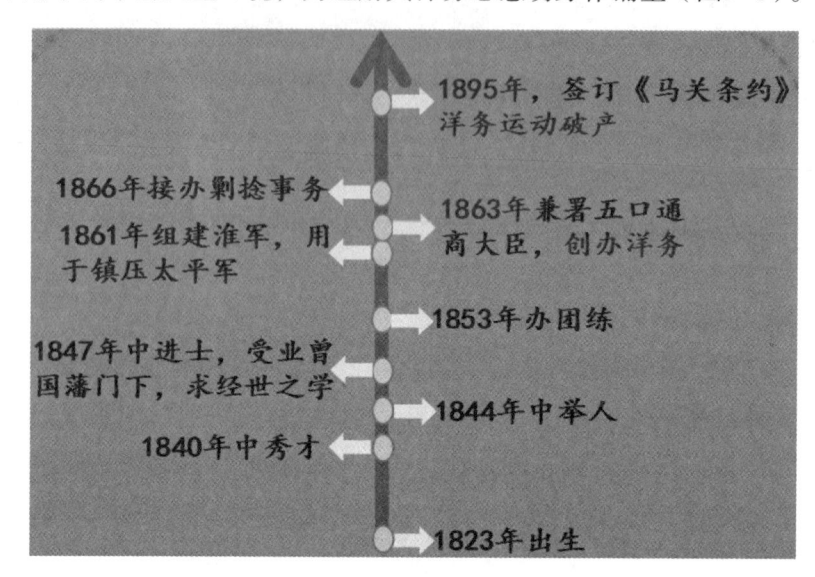

图9-1 李鸿章20世纪之前主要事迹

（2）通过展示史料和图片，分析洋务运动的发生背景。

材料1：1862年，李鸿章受命率淮军抵上海，同西人共同镇压太平军。不由赞叹："连日由南翔进嘉定，洋兵数千，枪炮并发，所当辄靡。其落地开花炸弹，真神技也！"

"深以中国军器远逊外洋为耻，日戒谕将士，虚心忍辱，学得西人一二秘法，期有增益。"

——《李文忠公全集·朋僚函稿》

材料2：今则东南海疆万余里，各国通商传教，来往自如……实为数千年来未有之变局……炮弹所到，无坚不摧……又为数千年来未有之强敌。

——李鸿章《筹议海防折》

①内忧：太平天国运动。

②外患：第二次鸦片战争。

（3）展示顽固派和洋务派对西方技术的不同看法，引导学生结合教材内容总结洋务派开展运动的目的。根据示意图归纳洋务派在中央和地方的代表人物。

材料1：顽固派："无事则斥外国之利器为奇技淫巧，以为不必学；有事则掠外国之利器为变怪神奇，以为不能学。"

——《筹办夷务始末：同治朝》

材料2：书生坐谈误国，可为浩叹，且外国猖獗至此，不亟亟焉求富强，中国将何以自立耶！千古变局，庸妄人不知，而秉钧执政亦不知，岂甘视其沈胥耶？

——《李鸿章全集》

目的：强兵富国，维护清王朝统治。

2.洋务思想之实践

（1）本模块导入。

问题探究：为什么说洋务运动是中国历史上第一次近代化运动？

①回答：创办近代军事企业，建立新式海陆军（军事近代化）；②创办近代民用企业（经济近代化）；③办新式学堂，派遣留学生（教育近代化）；④修铁路，完善运输（交通近代化）。

（2）展示李鸿章对优先办军事工业的看法相关材料，学生理解分析其原因。

"今日所急，惟在力破成见，以求实际而已。""自强之道，在乎师其所能，夺其所恃耳。""查西洋诸国，以火器为长技，欲求制驭之方，必须尽其所长，方足夺其所恃。"

——《李文忠公全集·朋僚函稿》

洋务派认为中国的政治制度远比西方国家先进，落后的只是军事技术，所以学技术就可以。

代表性军事工业：安庆内军械所、江南机器制造总局、福州船政局。

（3）展示李鸿章创办的江南机器制造总局图片以及生产的武器图。学生结合以下材料思考理解洋务运动实现的军事近代化。

淮军"变易军制，讲求军实""废弃弓箭，专精火器"。

——《李文忠公全集·奏稿》

（4）展示新式海军的四大成果图片（福建、广东、南洋和北洋水师）。结合文字：到19世纪80年代，福建、广东、南洋和北洋等海军初步建成。1885年，清政府成立海军衙门统一协调指挥。

（5）展示左宗棠收复新疆图和装备新式武器进行新式训练的清军图。

（6）展示两则洋务派欲创办商务的文字材料，提出问题：洋务派为什么要办民用企业？

材料1："中国积弱，由于患贫。西洋方千里数百里之国，岁入财赋动以数万万计，无非取资于煤铁、五金之矿，铁路、电报、信局、丁口等税。酌度时势，若不早图变计，择其至要者逐渐仿行，以贫交富，以弱敌强，未有不终受其敝者。"

——《李文忠公全集·朋僚函稿》

材料2："夫欲自强，必先裕饷；欲浚饷源，莫如振兴商务。商船能往外洋，俾外洋损一分之利，即中国益一分之利。"

——《李文忠公全集·奏稿》

答案：因为中国积贫积弱，并且需要民用企业支撑军事工业，也是希望能分外洋之利。

口号：求富。

（7）展示民用工业中的代表性工业图片和一则材料（图9-2）。进入问题探究：为什么说洋务运动客观上促进了中华民族资本主义的产生？

（a）

（b）

（c）

图9-2 民用工业中的代表性工业

"创办招商局十余年来，中国商民得减价之益，而水脚少入洋商之手者，奚止数千万？此实收回利权之大端。"

——《李文忠公全集·奏稿》

答案：官督商办给私人资本以投资机会，最早的民族资本主义产生。

（8）展示李鸿章关于科举和建设学堂看法的材料，列举所设学堂种类。

材料1："科举中未必即有真人才，培养根本之道或不尽系此耳。"

——《李文忠公全集·朋僚函稿》

材料2："学堂造就人才之道，条理精严，迥非中土所及。""查泰西各国讲究军事，精益求精，其兵船将弁必由水师学堂，陆营将弁必由武备学堂造就而出，故韬略皆所素裕，性习使然。"

——《李文忠公全集·奏稿》

答案：从科举制度培养的掌握"四书""五经"的学者到新式学堂培养的近代科技人才，从做官到追求实用技术，教育逐步迈进近代化。

（9）展示第一批留美幼童的图片，其中包括优秀人才詹天佑、容尚谦、唐国安等，引导学生感受教育近代化中留学教育塑造的人才对中国的贡献。

（10）展示李鸿章倡导修铁路的文字材料和他倡导修建的代表性铁路。

"火车铁路利益甚大，东西洋均已盛行。中国阻于浮议，至今未能试办，将来欲求富强制敌之策，舍此莫由。"

——《李文忠公全集·译署函稿》

李鸿章是近代中国第一个正式提出中国人自主修建铁路思想的人。他倡导修建的铁路有唐胥铁路、津沽铁路、关东铁路等。

3.洋务实践之结果

本环节通过甲午海战图片和文字解说，进行问题探究：为什么历经30多年的洋务运动会因为一场战争而失败？为第四环节作铺垫（图9-3）。

图9-3 甲午战争

1895年,中日甲午海战中北洋舰队全军覆没,宣告洋务运动失败。

4.洋务结果之反思

(1)本模块引用李鸿章对洋务的看法和恩格斯对于社会变革的思考史料,展示慈禧"六旬万寿庆典"图片,以引导学生思考洋务运动失败的原因。

材料1:中国文武制度,事事远出西人之上,独火器万不能及。……鸿章以为,中国欲自强则莫如学习外国利器。欲学习外国利器则莫如觅制器之器,师其法而不必尽用其人。

——李鸿章《致总理衙门函》

材料2:"社会制度中的任何变化,所有制关系中的每一次变革,都是同旧的所有制关系不再相适应的新生产力发展的必然结果。"

——恩格斯《共产主义原理》

答案:封建落后的旧制度无法嫁接西方先进技术,治标不治本;统治阶层的腐朽和外部势力的挤压也注定洋务运动会失败。

(2)展示材料,对比中国洋务运动和日本明治维新的不同点,加深理解洋务运动失败之因。

洋务运动与明治维新主要的不同:第一,改革目标不同。洋务运动更关注"国内"问题,是想通过改革继续维持清王朝统治,"安内"为主,"御外"其次；明治维新则相反，其更关注"国外"问题，把不平等条约问题视为国家要解决的头等问题。第二，两者的指导方针不同。洋务运动以"中体西用"为指导；明治维新则以"脱亚入欧"为指导。第三，推行方式不同。洋务运动缺乏顶层设计，由地方官员主动兴起；而明治维新则主要是由天皇自上而下推行。第四，社会心理基础不同。在中国不接受（或反对）洋务运动的守旧势力很大，缺乏广泛的民众基础；在日本，人们则更乐于学习接受先进文化。

——廖泽略、黄朝峰《洋务运动与明治维新之比较——兼论其成败原因》

洋务运动：安内为主，中体西用，自下而上，阻碍重重。

明治维新：御外为主，全盘西化，自上而下，群众基础。

（3）展示1872—1913年中华民族资本主义发展概况和洋务运动前后清政府变化相关图片，总结洋务运动的作用。

答案：中国历史上第一次近代化运动；客观促进民族资本主义产生；一定程度抵制外国资本入侵。

（4）展示李鸿章像和他对自己所办洋务事业的看法，简单评价李鸿章和他的洋务事业。

"我办了一辈子的事，练兵也，海军也，都是纸糊的老虎，何尝能实在放手办理？不过勉强涂饰，虚有其表……"

——李鸿章

答案：无奈的改革者李鸿章。他对中国近代化的贡献应该被肯定，洋务运动的失败也不应该全归咎于他身上。

第十章　历史教学与史料实证素养的培养

"毛泽东开辟井冈山道路"教学设计

历史由史料构成，历史教学离不开对史料的呈现，历史考试更离不开对史料的考查。"史料实证"不仅是核心素养的重要内容，还是诸素养得以达成的必要途径。因此，如何正确理解"史料实证"在中学历史教学中的地位，并在实践活动中贯彻、实施，是每一位基层历史教学工作者迫切需要思考和解决的问题。本课以"毛泽东开辟井冈山道路"为例展开教学，培养学生的"史料实证"素养。

一、课题及教学内容分析

本课是部编版八年级上册第五单元的第二课，本单元的主题是从国共合作到国共对立，而毛泽东开辟井冈山道路是本单元的核心内容。本课上承北伐战争，下启中国工农红军长征，在全书中占有重要地位。大革命失败后，在中国革命向何处去的问题上，中国共产党曾效仿俄国十月革命在城市进行武装暴动，却没有达到预想目标。此后，毛泽东以马克思主义基本原理为指导，创造性地提出了符合中国国情的农村包围城市武装夺取政权的革命思想。南昌起义后，毛泽东领导了秋收起义并建立井冈山革命根据地，创建工农红军，点燃了工农武装割据的星星之火，开启了一条中国革命的正确道路——井冈山道路。这是马克思主义中国化的伟大开篇，是马克思主义与中国革命实际相结合的重大创举。毛泽东的武装斗争、土地革命和根据地建设，即工农武装割据的思想，使根据地不断巩固扩大，革命的星星之火逐渐发展呈燎原之势。通过本节课的学习，学生可认识到革命先烈为探索救国道路进行的不屈不挠的斗争，感受中国共产党为中国的独立和中国人民的解放付出的艰辛努力，同时树立正确的世界观、人生观、价值观，产生热爱祖国、为振兴中华努力读书的家国情怀。

二、学习目标分析

唯物史观：引导学生分析了解中国共产党在革命斗争中创造了工农武装

割据的局面，开辟了井冈山道路，认识这是中国革命唯一正确的道路。

史料实证：引导学生以启发和讨论探究为主，运用史料分析问题，多角度、多层次地思考问题，充分调动学生思维的灵活性，培养学生自主学习的能力；通过分组讨论、合作探究等方式，提高分析问题、解决问题的能力和团结协作的意识。

时空观念：了解南昌起义、秋收起义、八七会议等基本史实；了解井冈山革命根据地建立的经过和井冈山会师的重要意义；让学生了解井冈山道路的形成过程、形成空间和时间概念。

历史解释：以史料或所学知识为依据，理解井冈山革命根据地建立的经过和井冈山会师的重要意义；了解中国共产党在革命斗争中创造了工农武装割据的局面，能够对重要知识点进行理性分析和客观评判。

家国情怀：通过本课的学习，认识到井冈山道路是以毛泽东为代表的中国共产党人从中国革命实际和国情出发，把马克思主义普遍真理同中国革命具体实践结合起来成就的光辉典范，为中国革命夺取全国胜利开辟了一条正确的道路。学生要学会面对挫折和失败，要不屈不挠，善于总结经验教训，同时体会到井冈山精神是老一辈无产阶级革命家给我们留下的宝贵财富。

三、学习者特征分析

八年级学生已经具备了一定的历史知识和历史学习能力，且此阶段大部分学生对历史学习比较有兴趣。他们活泼好动，充满热情，充满好奇心。教师在进行教学时应充分考虑八年级学生特点，运用多种教学手段来设置情境和问题，充分调动学生的求知欲望，提升课堂效率。

四、教学策略选择与设计

（一）教法

情境教学法：创设情境，以形象的视觉效果和情感氛围引起学生的学习兴趣，激发他们主动参与课堂的热情。

直观演示法：利用图片等进行直观演示，激发学生学习兴趣，活跃课堂气氛，促进学生顺利掌握相关知识。

分组合作法：按小组合理分工，完成自己的任务，培养协作精神，同时在学习过程中互相学习，增进友谊，进一步提升学习积极性。

成果展示法：学生通过展示自己的成果，增强自信心，锻炼表达能力。

（二）学法

合作探究法：学生是学习的主人，是课堂的主人，学生通过合作讨论、相互交流提高学习历史效率和质量，同时增强合作精神。

参与学习法：在本课中，尽可能多地制造机会使学生动起来，在快乐、和谐的氛围中学会学习、学会做人。

五、学习资源与工具设计

多媒体课件。

学生完成相应预习内容；学生课前查阅相关资料。

六、教学重难点

（一）教学重点

南昌起义、秋收起义、井冈山革命根据地。

（二）教学难点

工农武装割据。

七、教学大纲

1.武装起义篇

场景一：没有"枪"的那天——四一二反革命政变。

场景二："枪"响南昌城——南昌起义。

场景三："枪"的地位——八七会议。

场景四:"枪"赴井冈山——秋收起义后,农村包围城市。

2. 开辟新生篇

场景五:"枪"的样子——三湾改编。

场景六:"枪"立井冈山——第一块井冈山农村革命根据地,井冈山会师。

场景七:"枪"开一片红——工农武装割据局面,苏维埃政权。

场景八:党指挥"枪"——古田会议。

结题:枪杆子里面出政权。

八、教学过程

(一)环节一:创设情境,激趣导入

师:同学们好!首先,非常开心和大家一起来学习新课。

在上周的时候,我在朋友圈看到一篇文章,"什么是中国偶像?"印象深刻,我想在座的每位同学可能都有自己的偶像,其实我也有,那这篇文章当中讲到的中国偶像是谁呢?我们通过一分钟的短片来走近他们。

(播放视频)

师:视频当中出现的这些战士就是中国偶像,可能他们每个人叫什么我们不清楚,但是他们却有一个共同的名字,大家能一起来告诉我是什么吗?

生:军人(中国人民解放军)。

师:非常棒!今天的解放军所体现出的中国精神已经向世界证明了祖国的强大,正因为有他们在前方负重前行,才有了我们今天的岁月静好。那么今天我们就一起走进第16课"毛泽东开辟井冈山道路",来感受我们这支人民军队是如何从无到有、由弱到强的,我们的党又在这个历程当中开辟了一条怎样的革命道路。

设计意图:通过走近中国军人,感受军人精神,导入新课,以刺激学生的感官,激发其学习积极性。

(学生结合学案阅读课本)

（二）环节二：互动教学，新知探究

1. 武装起义篇

师：首先我们来到第一篇章武装起义篇，毛泽东有句著名的论断，即"枪杆子里出政权"，那么枪杆子可以指什么？武器？它可以代指军队吗？

生：武器、军队。

师：我们的枪杆子有没有帮我们建立政权呢？如果没有枪杆子会发生什么？我们来看第一个场景。

场景一：没有"枪"的那天。

师：影片《建军大业》的一个镜头中出现了一个时间，大家能找出来吗？

生：1927年4月12日反革命政变。

师：非常棒，这一天发生了一场悲剧，是什么呢？

生：四一二反革命政变。

师：对的，这是蒋介石在上海发动的一次政变，其意味着国共两党第一次合作走向了破裂。

师：那么面对当时国民党的残酷屠杀和镇压，我们的共产党有没有能力来反抗？

生：没有。

师：为什么没有能力来抵抗呢？

生：我们没有枪，也没有自己的武装力量。

师：没有枪，也没有自己的武装力量，所以在没有枪的那天惨剧就此发生了。

思考：面对强大的敌人，我们共产党应该怎么做？是投降还是继续斗争？你们觉得呢？

生：继续斗争。

师：很好。人性的软弱不可避免，但是关键时刻真正的共产党人是不会退缩的。

师：周邓纪念馆里面珍藏着一份四一二反革命政变后，周恩来写给中共中央的意见书。在这份意见书里面，他提出要迅速出师，直指南京。

师：这个意见书表达了中国共产党人当时一个什么样的态度？

生：继续斗争。

师：非常棒！坚持斗争是共产党人一个很明确的精神态度，在这样的态度下就有了我们党非常重要的一次事件，大家能说一下吗？

生：南昌起义。

师：对的，很棒。我们也举起了枪杆子，并在南昌城打响，我们看第二个场景。

场景二："枪"响南昌城。

（展示油画《南昌起义》）

师：这一幅画反映的是哪个事件？

生：南昌起义。

师：关于这个事件我们要找出什么内容？

生：时间、地点、领导人、地位。

师：很棒，我们说南昌起义打响了武装反抗国民党的第一枪，那在这幅油画中，你们能发现什么相关内容吗？在他们的队伍里，还多了什么？

生：枪。

师：很好，那同学们能不能思考一下同样是中国共产党领导的斗争，大革命失败前后的斗争方式发生了什么样的变化？

师生互动。

教师总结：（板书）在斗争方式上，失败前的斗争方式是示威、游行等，而失败后的我们已经拿起了武器，开始武装斗争，再也不是赤手空拳了。共产党人在革命失败中吸取了教训，认识到光有斗争的勇气是不够的，我们还要善于去总结经验教训，这样才能走出一条自己的、对的道路。

师：为了传承南昌起义的精神，我们把南昌起义开始的这一天定为了什么节日呢？

生：建军节。

师：非常棒！南昌起义后，人民军队诞生了，而且我们的革命军队很快占领了南昌城。这让当时的国民政府感受到了恐慌，因此仅隔一天准备继续南下的队伍就遭到了国民政府的堵截镇压。我们共同感受一下。（展示图片）

师：当时国民政府集合了唐生智部约2.4万人，张发奎部约1万人，程潜部约1万人，朱培德部约1.1万人，多路人马对革命军进行了堵截。这种形势下，党中央紧急召开了一次会议，也就是第三个场景。

场景三:"枪"的地位(播放视频)。

师生合作总结:

八七会议的时间、地点、内容。

师:这是一次非常及时的会议,做出了一个重要决定,即发动下一场起义,是哪次起义呢?

生:秋收起义。

师:他是由哪位人物领导的?

生:毛泽东。

师:对的,这次起义是毛泽东人生中一个重要的转折点,他为此曾作诗一首。

师生互动总结归纳。

秋收起义的相关内容:①革命队伍的名字叫什么?②革命要举什么旗?③起义发生在何处?④起义发生在何时?⑤起义由谁领导?

教师总结:很棒,整首诗词向我们展示的是一个令人激动和积极乐观的画面,但是最终起义成功了吗?

生:没有。

教师总结:当时毛泽东领导的部队在强大敌人的打击下迅速减到了不足1000人,当然原来有多少人已经不重要了,重要的是手下就这么多人,怎么办?和南昌起义一样,共产党领导的两支起义部队在作战过程中都遭受到袭击,那我们来对比一下两次起义在作战方向以及目标上有什么相同点。

师:有什么相同点呢?

生:相同之处是都选择了大城市,长沙和南昌。

师:嗯,很好。那么我们为什么要选择在这个时候去攻打大城市?

生:向俄国学习。

师:但是中国的城市里面什么人更多?敌人更多,所以并不容易被攻下。用一个词来形容我们的做法就是以卵击石,而我们这个时候为什么还要执着于攻打城市呢?

师:有一个重要原因就是我们当时只有一个可以学习的榜样。它是谁呢?

生:俄国。

教师总结:因为只有俄国这个榜样,而且俄国攻打城市成功了,所以我们要去向它学习,去攻打城市。但是结果呢?事实证明,用攻打城市来包围农村的道路并不适合我们,我们必须找到属于我们自己的出路,那么路在哪儿呢?我们除了俄国已经没有经验可学了呀。怎么办?去哪儿?

师生讨论环节(师生互动)。

教师总结:农村敌人少,可以先保存力量,当然可能也会有一些质疑的声音,但是对于当时的队伍来说,保留实力才是最重要的。最终力排众议带领部队走向农村的是毛泽东,就是在文家市,他做出了一个重要决定,就是去农村,到乡下,去敌人少的地方。我们决定去的第一站是哪儿?

生:井冈山。

教师过渡:对的。综合各项指标井冈山更利于我们的部队生存。于是我们来到下一个篇章——开辟新生。

2. 开辟新生篇

场景四:"枪"赴井冈山。

师:我们看下一个场景——"枪"赴井冈山,这意味着共产党人要走一条什么道路呢?不再是之前的城市包围农村了,而是农村包围城市!这是一条新路吧?那么这条路的探索,表现出共产党人一种什么样的精神呢?

师生讨论环节。

师:走人家没有走过的路,表现出共产党人一种什么样的精神呢?

生:探索创新。

教师总结:(板书)非常棒。我们在共产党人身上看到了敢于创新的精神,我非常欣赏这几个词!那么这条路它会是一条康庄大道吗?

师:在这条道路上又会有怎样的艰难,可以说我们是不知道的,也不知道走上去结果会怎么样?对吧?所以要开辟新路呢,不仅要有创新的智慧,还要有创新的勇气冒险。那么接下来我们来看一下,毛泽东带领的这支部队在这条新的道路上,又遇到了什么样的困境了呢?我们来看下面这个材料。

思考:材料当中我们发现了什么?

生:士兵逃跑,人数少了,还保留着旧军阀不好的、旧的习惯。

师:很好。那我们来思考一下,就是这样的军队能担当起革命的重担吗?

生:不能。

第十章　历史教学与史料实证素养的培养

师：那么什么样子的军队才能担负起来这个历史重任呢？我们看第五个场景。

场景五："枪"的样子。

师：大家来思考下我们的军队应该是什么样？我们的党要怎么办？

学生活动：阅读课本找出三湾改编的相关内容。

师：现在我想请同学们听一首歌曲，注意里面的歌词。（播放歌曲）

师生互动。

师：这首歌的名字叫作《三大纪律八项注意》，歌曲中提到的第一个纪律是什么？一切行动听指挥。其实歌词中的这些要求在今天依然是我们军人非常重要的纪律，而其源自三湾改编。最初是这样的三条：①把军队整编为一个团。②在部队内部实行民主制度（官兵平等，待遇一样）。③在部队中建立党的组织，军队统一由党领导。

补充：罗荣桓元帅指出三湾改编实际上是我军的新生，正是从这里开始，确立了党对军队的绝对领导。

师：从中我们可以得出三湾改编的意义是什么呢？

生：党对军队的绝对领导。

师：来到三湾的时候，我们的部队还是一支颓败之师；走出三湾，我们的军队已经变成了一支新型部队。这其实也说明我们的革命是一个大浪淘沙始见金的过程。那么这支部队历尽千辛万苦来到井冈山的时候，能否立足井冈山呢？我们来到场景六。

场景六："枪"立井冈山。

师：在井冈山我们的党和部队又会遇到什么新问题呢？我们要如何解决？现在我给大家一点时间，待会儿找代表来发言。

师：为了更好地解决问题，我为大家提供了一些材料。

合作探究环节（五分钟）。

材料1：人民群众最初对我的态度是观望的……他们是不会在工农革命军一到后立即接近我们的。……生怕红军走了以后，他们的家乡不安全，生命有危险。

——中国工农红军第四军军需处处长范树德口述

133

材料2：由于湘赣两省敌军的严密封锁……根据地军民生活十分困难，所需要的食盐、棉花、布匹、药材以及粮食奇缺，筹款也遇到很多困难。……严冬已到，战士们仍然穿着单衣。

——朱良才《朱德的扁担》

材料3：第三次"会剿"，敌军集中6个旅18个团，分5路"会剿"井冈山，而红军只有4个团，兵力悬殊。

——熊轶欣《井冈山时期红军三次反"会剿"及其经验教训》

师生合作讨论得出结论：

中国共产党领导下，坚持武装斗争，以土地革命为中心，以农村革命根据地为战略阵地。

师：我们在探索革命道路的过程当中随时可能会失去亲人、战友，当然也可能丢失自己的生命。在这样的局面下，人们会产生什么样的想法？

生：悲观、消极，甚至失去斗志。

师：是的，当时就有人提出问题，即红旗究竟还能扛多久。毛泽东深刻意识到这个问题已经到了必须解决的时候，必须让大家看到走这条道路的前途和希望，大家才能够坚持斗争下去，也是在这个时候毛泽东写下了很多著名的文章（图10-1）。

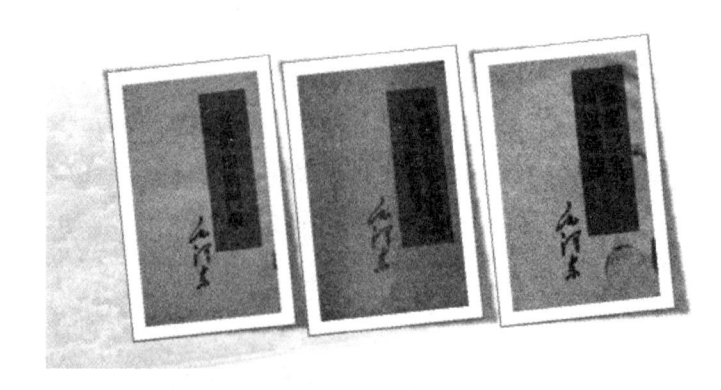

图10-1　毛泽东所写著名文章

师：这些文章对井冈山斗争经验进行了总结，就是在中国共产党领导下，以土地革命为中心，以农村革命根据地为战略阵地，以武装斗争为主要形式，三者密切结合，把根据地建设成为一个可以跟国民党对抗的势力。我们把相关理论称为工农武装割据。这对当时"中国的革命道路怎么走"的问题进行了回答。

设计意图：工农武装割据理论是本节课的一个难点，为了更好地让学生理解革命道路开辟过程的艰难，以及这个理论出现的必要性，讲课中引用了很多材料和人物事迹，学生通过材料和英雄事迹可以更好地理解这部分内容，从而达到克服难点的目的。

师：事实也证明这条道路是正确的，毛泽东把一座普通的山变成了中国的第一山，因为我们在这里建立了第一块农村革命根据地。后来谁也来啦？

生：朱德！

师：南昌起义南下的队伍也来到了井冈山。毛泽东在这里摸索出的革命道路被大家认可和接受了，我们来感受一下历史画面。

（播放井冈山会师视频）

师：两军会师历史上称为井冈山会师。它使井冈山根据地得到了巩固和扩大，接下来我们看到了什么呢？毛主席还提到了"星星之火，可以燎原"，我们也可以把它形容为"枪"开一片红，我们看下一个场景。

场景七："枪"开一片红。

（展示地图）

师：同学们来告诉我图中的黑色三角部分是哪儿？

生：就是井冈山。

师：除井冈山外我们的队伍又依次开辟了更多的根据地，从而验证了毛泽东的那句话：星星之火，可以燎原。

师：1932年上海《东方杂志》发布了一个问题，即你梦想中的未来中国是怎样的？各界人士给出了各种各样的答案，但却忽略了一个事实，就是最好的国家应该是代表广大人民利益的国家，那么当时有没有这样一个代表人民利益的新政权出现呢？我们在教材上找找看。

生：有。

师：那就是在距离上海不到1000公里的江西瑞金由毛泽东和他的战友们缔造的一个新的共和国，有同学知道吗？

学生展示环节：师生合作完成。

中华苏维埃共和国的相关信息：时间、地点、概况、影响。

师：很棒，我们用枪杆子打出了自己的政权，也就是苏维埃政府，革命形势有所好转，革命队伍不断扩大，但是新的问题出现了，如军队的成分更加复杂了，军人的思想也出现了分歧。历史的关键时刻我们的领导人也需要一场争论和思考，于是就有了一次重大会议的召开，有人知道是什么吗？

生：古田会议。

场景八：党指挥"枪"。

师：关于古田会议我想请同学们先阅读教材，然后告诉我它提出了一个什么样的原则。

生：思想建党，政治建军。

师：对的，这是一次走心的会议，对于如何进行军队建设给出了八字原则，明确了只有做到政治上的坚不可摧，才会有军事上的所向披靡。

师：2014年在古田习近平总书记带领我们党再次召开了新的古田会议，相隔85年的两次会议传递着不同时代的共同心声，那就是军旗跟着党旗走，让党来指挥枪，让军魂融入血脉。

（三）环节三：巩固练习，小试身手

师：这节课我们以"枪杆子里出政权"为主题，从没有"枪"的那天说起，讲述了人民军队从无到有、从弱到强的革命历程，也从中找到了一条适合我们的井冈山道路，那么这段历史就告一段落了。关于这段历史，同学们掌握了吗？我们来验证一下，相信认真听课的同学一定能答对。

习题如下。

当堂检测

1.中国共产党打响武装反抗国民党反动统治的第一枪是指（　　）

A.武昌起义　B.秋收起义　C.南昌起义　D.八七会议

2.大革命失败后，中国共产党开始探索符合中国国情的革命道路。下列事件按发生的先后顺序正确的是（　　）

①八七会议　②秋收起义　③南昌起义　④井冈山会师　⑤井冈山根据地的建立

A.①②③④⑤　B.②③①⑤④　C.③①②④⑤　D.③①②⑤④

3.在 20 世纪上半叶的革命实践中,中国共产党人走出了一条属于自己的独特道路,这条道路是(　　)

A.暴力革命　　　B.领导工人运动　C.农村包围城市　　D.国共两党合作

4.以下对 1927 年中国共产党领导的南昌起义、秋收起义意义的表达,不正确的是(　　)

A.是中国共产党独立领导武装斗争的开始

B.使中国革命从此转危为安

C.是中国共产党创建人民军队的开始

D.是建立农村革命根据地的开始

5."军叫工农革命,旗号镰刀斧头。匡庐一带不停留,要向潇湘直进。地主重重压迫,农民个个同仇。秋收时节暮云愁,霹雳一声暴动。"这首词所描述的历史事件是(　　)

A.南昌起义　　　　　　　B.井冈山会师

C.秋收起义　　　　　　　D.广州起义

6.井冈山被誉为"中国革命的摇篮"和"中华人民共和国的奠基石"。这主要是因为井冈山(　　)

A.打响了武装反抗国民党反动统治的第一枪

B.建立了中国第一块农村革命根据地

C.第一次打出了工农革命军的旗号

D.是中国工农红军长征的始发地

(四)环节四:拓展延伸,情感升华

师:行程万里,不忘初心,作为中学生的我们肩负着继承革命传统、弘扬革命精神的历史重任。接下来让我们一同走进最后一个篇章——砥砺前行篇。

拓展探究:"追红色记忆,悟革命精神",我们的革命先辈运用智慧在实践的基础上所开辟的这条道路和缔造的革命精神,他们身上体现了哪些优秀品质?我们应如何传承和弘扬呢?(学生四人小组展开讨论,教师总结)

生:艰苦奋斗,敢于创新,善于总结,不怕牺牲等。

师：非常棒。那么我们要如何传承和弘扬呢？

师生合作：中学生要对革命先辈保持敬畏之心，爱护、保护珍贵的革命文物；积极到革命博物馆参观学习，寻访红色遗址。通过网络、手抄报、历史剧等多种方式传承推广革命精神，让更多的人了解革命精神，做传播革命精神的使者……

师：井冈山是中国革命的摇篮，在井冈山精神的基础上，我们党又创造了诸如长征精神、延安精神等民族精神。中华人民共和国成立后，我们党依据在各个时期的工作任务和面对的不同形势，又创造了新时期的"铁人精神""载人航天精神""抗洪抢险精神"等。其实在我们河南安阳林州也有一种这样的精神的延续，有同学知道吗？

生：红旗渠精神。

师：对的，就是我们艰苦奋斗的红旗渠精神。这些无不闪耀着革命精神的光芒。它们是对井冈山精神的发展和升华，它们共同构成了中国精神、中国之魂，下面我们来共同感受下新时代的井冈山精神。

（播放中国精神短片）

师：不忘本来，方有未来，最后老师也希望我们的同学们要对革命先辈所开辟的这条道路和缔造的精神充满自信，有了这份自信，我们才能够更坚定地前进。我们在前进的路上可能还会遇到很多困难和挫折，但是若我们置身于历史的长河当中，那么这些困难就会变得很小，没有那么可怕，这也是习近平总书记探访井冈山的用意所在；让井冈山精神，来指引我们征服困难实现理想，在改革开放的新时代里面，做最好的自己，建更强的国家。

第十一章　历史教学与历史解释素养的培养

"独立自主的和平外交"教学设计

学生历史学科核心素养的发展，不取决于对现有历史结论的记忆，而取决于解决学习问题过程中对历史的理解，及说明自己对学习问题的看法中的历史解释。教师要认识到，任何一种教学方法的实施都在一定程度上与问题的提出和解决关系密切。可见，让学生在发现和解决问题的过程中形成历史认知、培养历史解释能力是历史教学的重点。关于如何培养学生的历史学科问题意识和历史解释能力这一问题，本课以人教版"独立自主的和平外交"为例进行探索。

一、课标分析

内容要点：了解中国独立自主的和平外交政策。（重在理解中国独立自主的和平外交政策制定的原因）

认知提示：了解和平共处五项原则，了解我国在20世纪50年代的外交成就。

二、教材分析

整体分析：本课就内容来看，主要叙述的是中国20世纪50年代的外交政策、方针、成就，和第17课20世纪70年代以来的外交一脉相承，共同展示了中华人民共和国成立以来中国外交事业的重大成就。

本课分析：本课内容一共有两个子目，一是"和平共处五项原则的提出"；二是"加强与亚非国家的团结合作"。二者都是中国外交的成就。中华人民共和国成立初期，由于"雅尔塔体系"的影响，中国在遵循独立自主和平外交原则的同时，不可避免倒向了社会主义阵营，所以20世纪50年代是中苏关系的"蜜月期"。面对美国为首的资本主义阵营国家的孤立和封锁，中国开展积极外交且卓有成效。1953年面对中印边境冲突问题，周恩来首次提出和平共处五项原则，这一原则经过日内瓦会议的实践、1954年中印缅三国的倡导，逐渐成了国与国之间交流的基本准则，影响至今。

随着20世纪50年代民族解放运动的兴起，29个独立的新兴国家在万隆召开没有殖民主义国家参与的亚非会议，中国代表团在周恩来的带领下，冲破重重困难参加会议，并在此次会议中发挥了重大的作用。周恩来所提出的"求同存异"方针，推动了会议的圆满进行，既将和平、民主的大国形象传达给了亚非各国，也加强了亚非各国的团结、合作，"万隆精神"流传至今。

三、学情分析

就学习情况而言，学生经过近两年的学习，初步掌握了学习历史的基础能力（如提取有效信息、识图能力、材料分析能力等），故而安排学生学习本课内容。但就学习心理而言，20世纪50年代的外交成就离学生生存的年代略远，对于学生来说比较陌生，故而需要找个学生了解的切入点，作为本课的线索拉近相关知识与学生之间的距离，进而帮助他们更好地了解20世纪50年代中国的外交事业。

四、教学目标

唯物史观：通过对20世纪50年代中国外交事业成就的学习等，初步理解影响外交关系的关键因素（综合国力、国家利益），为学习下一课20世纪70年代外交的新突破做准备。

史料实证：通过对教师所提供的近代中国外交相关史料分析，进一步理解"弱国无外交"的含义，逐步塑造史料实证意识和史料分析能力。

历史解释：了解独立自主的和平外交政策、和平共处五项原则、万隆会议概况，能够正确评价和平共处五项原则和求同存异方针；归纳周恩来在新中国成立初期的外交活动。

时空观念：了解20世纪50年代中国外交的具体成就。思考这个时期中国外交成就斐然的原因和当时外交政策、外交对象确定的背景，进一步培养学生在特定历史时空，分析特定史实的能力。

家国情怀：在近代中国外交和20世纪50年代中国外交成就对比中，体会现代中国外交的独立性、自主性，认识中国在促进世界和平、外交发展中的积极作用，增强学生的民族自豪感和道路自信感。

五、教学重难点

（一）教学重点
和平共处五项原则的提出、内容，"求同存异"与万隆会议的关系。

（二）教学难点
对"弱国无外交"的理解、和平共处五项原则的影响、对"求同存异"的理解。

六、教学方法

考虑到本课知识密度大，但结构清楚的特点，在教学方法上，主要采用建构主义支架式的教学方法，以周恩来总理的生平为线索，按时间顺序逐层搭建知识脚手架。与此同时，新课改要求教师改变教学方式，特别要注重学生的全程参与。

七、教学过程

本课设计思路：以周恩来总理的生平为线索贯穿整课，既拉近本课内容与学生之间的距离，减少学生的认知障碍，也帮助学生从"外交"的角度，更全面地了解周恩来总理的生平。

（一）环节一：创设情境，激趣导入

师：同学们好！首先，非常开心和大家一起学习新课。中国有一个地方被称作"蓝厅"，大家知道是哪儿吗？

（学生回答略）。

师：它是中国外交部于2010年启动的一个新闻发布厅，因为背景是统一的蓝色，所以被称为"蓝厅"，而在这抹蓝色背景前面有一支强悍的精英团队，他们就是人们口中的顶流明星——"中国的外交天团"。我们来通过一段视频走近他们。

（播放视频）

师：大家看完的感受是怎样的？

生：非常的振奋人心，很解气，他们用犀利的言辞维护了我们国家的尊严。

师：但是这些霸气言辞，是一个国家经过忍辱负重换来的，也是一代代外交官们冲锋陷阵换来的。新中国成立以来，已先后有 11 位外交部部长率领这支外交天团为祖国代言，那其中我们国家的首位外交部部长是谁呢？对的，他就是周恩来，一个光荣且不朽的名字，老一辈的外交家们称周恩来总理为中国外交之父。

今天我们就一起走进第16课，通过周恩来的外交生涯来感受并不强大的新中国是如何一步一步打开外交局面的。

设计意图：通过走进外交天团，感受外交官的魅力，引出新中国的首位外交部部长，导入新课，并刺激学生的感官，激发其学习积极性。

（学生结合学案阅读课本）

（二）环节二：互动教学，新知探究

1.篇章一：以独立自主的形象面向世界

（1）旧中国，旧外交

回顾中国近代史签过的条约可知，我国当时不独立、不自主、不平等，用周恩来的话讲就是跪着办外交。

（2）新中国，新外交

合作探究，有效点拨。

①结合"开国大典"上毛泽东发表的《中央人民政府公告》和新中国初期的外交方针，引导学生认知、理解新中国的外交政策。

②展示、讲述"二战"后"雅尔塔体系"冷战格局之下中国的外交环境。

③展示、讲述新中国成立初期中苏建交的史实及1950年的外交状况。

设计意图：帮助学生认知近代外交的特点及其和新中国外交的异同。

2.篇章二：以和平共处的原则走进世界

（1）再次利用"雅尔塔体系"下冷战格局的世界地图，展示第三世界力量的兴起。

（2）引导了解和平共处五项原则的由来和发展。

（3）请学生回答：周恩来哪一年首次提出和平共处五项原则？内容有哪些？

（4）依据材料思考和平共处五项原则的意义。

材料1：和平共处五项原则的提出，是新中国外交政策从突出强调意识形态的"一边倒"，转向较多地考虑国家利益，而开始走向务实的一个相当重要的标志。

——杨奎松《中华人民共和国建国史研究》

材料2："尽管在其提出后的50年中，世界形势已发生变化，在某些方面甚至可以说是发生了剧变，但这些原则直至今天依然适用。"

——美国前国务卿舒尔茨

材料3：和平共处五项原则得到了广大第三世界国家的认同，也被联合国所认可，和平共处五项原则今天依然没有过时。

——新加坡国立大学东亚研究所研究员陈刚

师：假如你是外交部新闻发言人，针对此事件，请你基于和平共处五项原则发表一份简短声明，表明我方态度。

设计意图：

引导学生了解和平共处五项原则的提出、发展，目的在于增强学生对影响外交关系的因素的理解。

引导学生对相关材料进行分析，寻找与和平共处五项原则相似的内容，进一步帮助学生理解、识记和平共处五项原则的内容。同时，培养学生的知识迁移能力。

通过引导学生归纳和平共处五项原则的影响，增强学生的自学能力和对材料进行有效分析的能力。

3. 篇章三：以求同存异的智慧影响世界

（1）请学生完成万隆会议的知识点填充。

（2）讲述"克什米尔公主号"事件，请学生用一个词语形容中国代表团的遭遇。

（3）展示中国代表团在万隆会议期间遭遇质疑、诋毁的史料，请学生换位思考"应该如何完美解决"。

合作探究，有效点拨。

出示周恩来总理在万隆会议上的补充发言，请学生总结"求同存异"的内涵。

观看视频，回答教师提出的问题。

学习学案上万隆会议的相关知识点，根据教师展示的史料，体会、感受中国代表团的险境和困难，思考教师提出的问题。

（4）结合教师展示的材料和课文内容，自学总结"求同存异"的内涵和万隆会议的影响。

设计意图：

通过组织观看视频，培养学生的识图能力和对图片信息的分析能力。

（三）环节三：巩固练习，小试身手

1.周恩来作为新中国外交创始人，以其独特的人格魅力和外交风范在世界外交史上留下了卓越风采，他从事的诸多外交活动成了国际交往的典范。下列属于周恩来外交成就的是（　　）

①提出和平共处五项原则　　②提出"求同存异"方针

③签署《中美建交公报》　　④在上海签署中美《联合公报》

A.①②③④　　B.①②③　　C.①②　　D.①②④

2.新中国成立初期，我国在外交领域取得许多重大成就。由中国政府提出并成为处理国与国之间关系基本准则的是（　　）

A.和平共处五项原则　　B.反对霸权主义

C."求同存异"的方针　　D.打击恐怖主义

3.和平共处五项原则已经成为处理国与国之间关系的基本准则，下列属于其内容的是（　　）

①互相尊重主权和领土完整　　②互不侵犯

③互不干涉内政　　　　　　　④平等互利

⑤和平共处　　　　　　　　　⑥求同存异

A.①②③④⑤　B.②③④⑤⑥　C.①②③④⑥　D.①②③⑤⑥

4.外交是一个国家综合国力的多方面呈现,近代以来,中国经历了从丧权辱国的旧外交到独立自主的新外交的转变历程。阅读以下材料。

以1840年鸦片战争为起点,清王朝遇到了来自西方列强和西方化的日本几个回合的强烈冲击,并被强迫签订了一系列不平等条约。中国不仅仅失去了主权的独立和完整,清王朝也最终成了"洋人的朝廷"。

材料中什么条约的签订使中国开始丧失主权的独立与完整?哪一条约的签订使清王朝最终成了"洋人的朝廷"?

(四)环节四:拓展延伸,情感升华

到周恩来逝世之前,已经有107个国家与中国建交,这其中包括美国和日本。从最初的坚持独立自主,到走向成熟的和平共处,再到顾全大局的求同存异,世界通过周恩来的形象重新认识了新中国,他的不卑不亢与进退有节铸就了中国外交的辉煌。

第十二章　历史教学与家国情怀的培养

"海峡两岸的交往"教学设计

家国情怀是一种大到国家、民族，小到乡土观念的精神认同感，是一个人对自己国家和人民所表现出来的深情大爱，对国家富强、人民幸福而展现出来的不懈追求。历史学科是培育学生家国情怀的重要载体，然而长期以来，向学生传授基础知识、提升学生的答题能力，几乎是初中历史课堂教学的全部，青少年家国情怀培育现状不容乐观。随着新课程改革的召唤，我们逐渐意识到提升学生的历史素养、培养具有积极向上价值体系的学生才是历史教学的终极目标。家国情怀是历史核心素养的重要构成，是历史核心素养的灵魂，那么，如何将家国情怀的传承和培育融入历史课堂教学呢？本课基于"海峡两岸的交往"做出以下尝试。

一、概述

本课是部编版义务教育教科书《中国历史》八年级下册第四单元的第14课"海峡两岸的交往"。课标对本课内容的要求：了解祖国大陆与台湾经济文化交往日益密切的史实，认识祖国统一是历史发展的必然趋势。本单元共三课，其内容以民族团结和祖国统一为主。前两课主要讲述通过民族区域自治制度解决了民族问题，通过"一国两制"成功解决了港澳问题，本课则重点介绍大陆和台湾关系的变化。本课最终旨在明确台湾是中国的一部分，祖国统一是不可阻挡的历史大势，激发学生的爱国精神。

二、学习目标分析

唯物史观：通过引导学生分析、概括战争的过程、影响，培养学生正确的历史观。

史料实证：以启发和讨论探究为主，运用史料分析问题，培养学生归纳分析的能力、合作交流能力、客观评价历史现象的能力，获取历史信息、处理历史信息、史论结合陈述历史问题的能力。

时空观念：通过台湾村导入新课，体现两岸的血脉亲情，小组合作归纳党和政府在不同时期的对台方针政策；两岸关系从隔绝到交往日益密切的变化，认识到台湾自古以来就是中国领土，祖国统一是历史发展的必然趋势。

历史解释：以史料或所学知识为依据，使学生了解几代领导人对台方针——"和平统一、一国两制"的对台方针；掌握"九二共识"及"汪辜会谈"、江泽民提出的八项主张；了解海峡两岸交往概况；培养学生归纳分析的能力、合作交流能力。

家国情怀：使学生认识到中国共产党是国家和民族利益的忠实代表，激发爱党情感；通过归纳两岸交往日益密切的实际，认识到两岸人民血脉相连，统一是大势所趋，树立对国家、民族的历史责任感；坚决反对"台独"分子的分裂活动。

三、学习者特征分析

台湾地区自古以来就是中国的领土，这一点作为八年级的学生已经了解，但是很少有学生能准确概括出中华人民共和国成立后大陆对台政策的发展、演变。本课知识点多，时间跨度大，老师在上课时应该考虑到八年级学生的接受能力，可以按时间顺序对海峡两岸关系发展进行概括，培养学生分析概括能力。通过分组讨论来培养学生语言表达能力，通过材料使学生认识到两岸关系发展是主流，国家统一是中华民族最高利益之一，维护国家统一是每个中国公民应尽的责任和义务。同时，我们应该时刻警惕台湾岛内"台独"势力和国际反华势力。

四、教学策略选择与设计

（一）教法

情境教学法：创设情境，以形象的视觉效果和情感氛围引起学生的学习兴趣，激发他们主动参与课堂的热情。

直观演示法：利用图片等进行直观演示，激发学生学习兴趣，活跃课堂气氛，促进学生对知识的掌握。

分组合作法：按小组合理分工，培养学生的协作精神，促使学生在学习过程中增进友谊，同时调动学生的积极性。

成果展示法：学生通过展示自己的成果，增强自信心，锻炼表达能力。

（二）学法

合作探究法：学生是学习的主人，是课堂的主人，学生通过合作讨论、相互交流，可以使学生积极参与到学习中来，从而大大提高学习历史的效率和质量，同时增强合作精神。

参与学习法：在本课教学中，学生要抓住机会动起来，在快乐、和谐的氛围中学去学习，学会做人。

五、学习资源与工具设计

多媒体课件。

学生完成相应预习内容；学生课前查阅有关海峡两岸的资料。

六、教学过程

（一）环节一：创设情境，激趣导入

师：我们先来看一组题字。这是国民党荣誉主席连战先生为邓州市高山族小学所题的校名。那么，为什么这位身在中国台湾的国民党主席会为这样一个普通的村庄来题字呢？有人知道吗？或者你发现了什么？

生：高山族。

师：提到高山族。我们一般会想到哪儿？对，台湾。而在河南邓州市的这个村庄里也生活着1200名台湾高山族的后裔。他们依然保留着和台湾高山族一样的生活习俗、宗教信仰，所以这个村庄也被称为台湾村。后来媒体称"河南有个台湾村，半部家谱两岸情"。

台湾村是两岸血脉相连的体现，而这样的联系不止一处。据统计，中国共有600个拥有相同地名的村落和地区，他们的存在凝聚着两岸的血脉亲情，寄托着两岸人民不忘根脉、不忘来处的初心。那么，今天我们就跟随这个初心一起来学习第14课"海峡两岸的交往"。请同学们把课本翻到70页自主预习。

设计意图：用身边熟悉的人物等导入新课，能刺激学生的感官，激发其学习的积极性。

（二）环节二：互动教学，新知探究

师：关于台湾与大陆的关系，习近平总书记说，"海峡的距离，阻隔不断两岸同胞的骨肉亲情"，"两岸同胞都是中国人，没有什么心结不能化解，没有什么问题不能商量，没有什么势力能把我们分开"。这样的形容非常深刻，那么为什么他说"阻隔不断两岸同胞的骨头亲情"呢？两岸的结又是如何形成的呢？

1.主题一：探缘由——海峡的距离，阻隔不断两岸同胞的骨头亲情

师：有部分同学已经在课下对台湾和大陆之间的联系进行了了解，我想请这些同学为大家介绍一下：关于台湾的历史。

设计意图：每一段历史的学习都应该有所延伸，在教学中应培养学生自主预习、拓展延伸的能力。

教师总结：再次证明台湾是中国不可分割的一部分，引导学生回忆台湾与大陆的三离两归，由此引出台湾问题的由来。

师：国民党在退居台湾后，用一道海峡隔绝了两岸人民的交往。给无数家庭留下了刻骨铭心的分离之痛，我们所熟悉的那首《乡愁》就是在这样的背景下诞生的，诗的作者余光中用20分钟的时间将20年的思乡之情化作了一首诗，这应该就是情之所至化成诗吧！我想请一位同学和我一起来朗读一下这首诗，共同感受那份浓浓的乡愁。

过渡：诗背后的乡愁感染了很多人。如何化解这份乡愁，打开两岸的结呢？我们的党和政府为此做了哪些努力？

2.主题二：探缘由——没有什么心结不能化解

师：我想请同学们根据老师提示的六个时期的关键词来找出不同时期我国政府的对台政策。时间3分钟。

设计意图：训练学生的归纳能力，基于发展足迹来归纳历届领导人对台的政策和态度，明确"一国两制"是符合中国国情的具有中国特色的政策方针，以此体现唯物史观。

教师重点强调：

（1）1979年《告台湾同胞书》

（2）"一国两制"和平统一方针

师：这个方针体现了大陆对台湾的包容和尊重，具有极大的灵活性，后来也成为我国对台的基本方针。它的出现给两岸人民、两岸统一带来了希望。但是这个希望很快就破灭了，因为台湾也出台了一个政策，是什么呢？

生："三不"政策，具体是"不接触，不谈判，不妥协"。

师：一面是大陆的"和平统一、一国两制"政策，一面是台湾的"三不"政策。这对于夹在中间的人民来说是不公平的，甚至是残忍的。这样的形势对后来的台湾社会造成了非常严重的影响。

师：1987年，一群五六十岁的老者穿着写有"想家"字样的上衣，走在街上奔走呼号，发出了我要回家的呐喊，以此反抗台湾当局对台湾老兵不公正的待遇。在这些呐喊声中，有一份宣传单，请大家齐读一下。

宣传单内容如下：

难道我们没有父母？而我们的父母是生是死不得而知。

我们只要求。

生，则让我们回去奉上一杯茶。

死，则让我们回去献上一炷香。

师：这样的诉求和呼喊迅速点燃了当时的台湾社会，开始融解冰封几十年的海峡，当时的台湾地区领导人蒋经国，一个曾经是共产党员的国民党人，终于调整了"三不"政策，放开了台湾民众赴大陆探亲。我想他也是想家的。这样的转变最大的历史意义是什么？

师：海峡两岸同胞近40年的隔绝状态终于被打破，两岸关系走向了缓和。这也是国民党主席蒋经国晚年最大的历史功绩之一。

屏幕展示：回家的老兵视频。

少小离家老大回，乡音无改鬓毛衰。儿童相见不相识，争传客从台湾来！

师：在这个视频当中，每一张照片每个画面都是一个悲喜交加的故事。他们有人团聚，也有人终究没能见到父母，这是时代的遗憾。

师：但也是从这一年开始，两岸关系有了历史性的进展。那么这个时期的进展如何呢？下面需要同学们再次阅读课本，找出关于两岸关系鼓舞人心的大事，具体可根据关键词来查找，当然如果你们能把它记住就更好了。

（1）快速阅读课文，查找速记两岸关系中鼓舞人心的大事。

（2）男女组竞赛。

师：历史的重要时刻总是让人难忘，它们推动着两岸关系不断发展。下面让我们一起走进新闻直播间，来还原那些历史瞬间，向两岸同胞和全世界传达我们一步步推进统一的好消息吧！学生分组，并选出你们心中的两岸关系大事，模拟新闻直播。

设计意图：引导学生关注热点，联系新时代背景下部编教材的编写背景，通过小组合作，亲自来体会两岸交往的重要事件，贯彻国家意识，对学生进行爱国主义教育。

教师总结：引导学生总结两岸交往中的重要时刻，和两岸交往中出现了几次两岸代表同框握手的画面，展示课本上出现的"汪辜会""胡连会""习马会"。

师：在"习马会"上，习近平总书记再次强调两岸同胞是命运与共的骨肉兄弟，是血浓于水的一家人！在这次见面当中，马英九先生还带来了台湾的礼物。

师：有人知道是什么吗？我们看一下！

（展示屏幕）

师：以上"汪辜会""胡连会""习马会"中实现的是握手，推动的是历史，他们的每一次见面都坚持一个中国原则和"九二共识"。事实也证明坚持"九二共识"，两岸就没有解不开的结；坚持"九二共识"，谁也无法阻挡不期而遇的"习马会"。当然，无法阻挡的还有两岸日益密切的交往。下面给大家2～3分钟时间找出你所知道的两岸交往的史实。

学生讨论展示。

师：在这些交往当中，哪些是在我们身边能感受到的？

教师补充：2008年两岸实现了"三通"，这是历史性的发展。文化上，

2012年北京大学举行了一场诗歌交流会,诗人余光中和工艺美术大师朱炳仁参加了。两岸诗歌的交流与碰撞也促进了两岸文化情感的交流与融合。

过渡:越来越密切的交往使两岸人民之间生活贴近了,心也贴近了,所以习近平总书记说"两岸一家亲"。这是我们共同的心愿。

3.主题三:盼未来——"花好总有月圆时"

师:你认为未来两岸关系会怎样?

生:走向统一。

师:但是实现统一的步伐艰难而漫长,因为在这条道路上还有阻碍统一的逆流在此起彼伏。我们阅读材料回答问题。

材料1:

(1)1999年7月,李登辉提出大陆与台湾的关系是"国与国"关系,至少是"特殊的国与国"关系的"两国论"。

(2)2004年3月20日,台湾地区领导人选举,台湾民进党领导人陈水扁疯狂叫嚣"台湾独立"。

材料2:2000年,美国对台三次军售就达19.82亿美元。

材料3:台湾地区领导人蔡英文2016年5月20日发表"就职演说",在两岸性质这一根本问题上态度模糊,没有明确承认"九二共识"和认同其核心意涵,没有提出确保两岸关系和平稳定发展的具体办法,国台办称之为一份没有完成的答卷。

根据材料回答:

(1)阻碍统一的因素有哪些?

(2)你认为实现两岸统一有利因素有哪些?

师:《反分裂国家法》明确规定:"台湾是中国的一部分。国家绝不允许'台独'分裂势力以任何名义、任何方式把台湾从中国分裂出去。"

师:只有坚持一个中国原则和"九二共识",两岸才能实现交流与合作,从而维护台海和平。我们也相信,越来越强大的祖国必会早日实现统一。

(展示屏幕)

（三）环节三：巩固练习，小试身手

师生合作： 如果中国是一个完整的家，台湾和大陆就是这个家的兄弟，那么大陆实施的"和平统一、一国两制"政策则为这个家搭起了稳固的屋脊。我们相信，只要坚持"九二共识"，那么这个家必走向统一、走向强大。

设计意图： 家国情怀是历史学习在思想、观念、情感、态度等方面的重要体现，同时也符合思想品德课程的培育目标，要培养学生归纳总结问题的能力，培养学生语言表达能力，培养学生学习的兴趣与爱国情感，使学生明确台湾自古以来就是中国的领土，热爱和平，维护统一。

师： 家搭起来了，那么发生在这个家里的大事大家掌握了吗？我们通过做题验证一下。

当堂检测。

1.中华人民共和国《反分裂国家法》中规定："……以和平方式实现祖国统一，最符合台湾海峡两岸同胞的根本利益"，实现我国和平统一的前提和基础是（   ）

A.坚持一个中国的原则

B.坚持社会主义道路的原则

C.坚持不运用武力的原则

D.坚持反对外国干涉的原则

2. 2013年，海协会、海基会两会领导人第九次会谈在上海举行。两会曾就"海峡两岸均坚持一个中国原则"达成共识的时间是（   ）

A.1987年　　B.1992年

C.1993年　　D.1997年

3.被誉为"画中兰亭"的《富春山居图》，因故一分为二，分别存于大陆和台湾。2011年6月，两部分画作在台湾同时展出，实现了山水合璧。"山水合璧"反映了（   ）

A.两岸政治经济交流形成常态

B.海协会与海基会首次实现对话

C.统一是两岸人民的共同愿望

D.两岸分离阻碍了文化艺术交流

（四）环节四：拓展延伸，情感升华

师：改革开放还在深入，我们的祖国也越来越强大，实现祖国的统一梦是中华民族走向伟大复兴的历史必然！最后我想将一段文字献给海峡两岸。

如果我是台湾，你是大陆，

不要问我爱不爱你，我一直热爱着。

如果我是大陆，你是台湾，

不要问我在不在？我一直陪伴着。

我知道，实现祖国最终统一，才是我们彼此最长情的告白。